簡單致富

輕 鬆 達 到 財 務 自 由 ，
享 受 富 裕 自 由 人 生 的 路 線 圖

THE
SIMPLE PATH
TO WEALTH

YOUR ROAD MAP TO FINANCIAL INDEPENDENCE AND A RICH, FREE LIFE

J L COLLINS

吉姆‧柯林斯 ———— 著　吳宗璘 ———— 譯

各界盛讚

很難找到會真正改變你一生的書，但是吉姆‧柯林斯的平實解釋讓我可以清楚看到為什麼我先前會如此混亂。我以前投資時的壓力與猶豫已經一掃而空，這是我第一次對自身決策充滿了100%信心。我這一輩子都欠他這個人情，而且已經成為他投資方法的傳教士。如果你嚴肅看待自己的理財人生，一定要看這本書！

——會計師布萊德‧巴勒特
Richmond Savers 與 Travel Miles 101 網站創辦人
www.richmondsavers.com
www.travelmiles101.com

《簡單致富》提供了某種令人耳目一新的獨特實際的投資之道。這不只是探討財務自由，也觸及了建立更好的人生。它不是要講找尋下一個熱門投資標的，而是著重於少數能夠歷經時間淬鍊、人人都辦得到的真確可行的原則。要是你想要找到妥善運用金錢的方法、創造快意人生，看這本書就對了！

——麥特‧貝克
Mom and Dad Money 網站創辦人
www.momanddadmoney.com

這是我推薦給每一個對投資有興趣的人的『入門書』，有關須知項目的精采概論。這是最好的投資基礎書，當之無愧。如果你考慮投資，本書會大幅增強你的信心。如果你已經是投資人，這本書將會幫助你優化自己的投資策略、得到更好的成果。這些簡單原則的效果驚人，我遵從他的指引，從零開始，不到五年，已經有了美金六位數的投資組合。

——漢娜‧凱恩‧拉托尼克

暢銷書《*Master Your Money: Stop Yearning, Start Earning*》作者，
www.hahnakane.com

吉姆‧柯林斯是正常理智投資方法學的頂尖大師，他具有以直接易懂方式解釋股市基礎的本領。柯林斯的著作完整、資訊豐富，而且最棒的是——有效。最重要的是，他是那種少數不會向你推銷或是要剝你皮的金融專家之一。

——節儉森林太太
www.frugalwoods.com

嘿，千禧世代，聽好了！《簡單致富》是你理財必備書。當然，搞不好你可以靠自己摸索出這個方法，但何必多此一舉？裡面具有你早該在中學裡就學到的所有投資與財經觀念。裡面有風趣的個人軼聞與一堆寶貴經驗，萬萬不可錯失購買本書的機會！

——葛溫
Fiery Millennials 網站創辦人
www.fierymillennials.com

對於想要學習有效投資的人，我就會向他們推薦吉姆・柯林斯的部落格。在這本書當中，他成功處理了我們這個時代所有令人困惑的知識，將其濃縮闡明，成為每個人都能夠明瞭的資訊。雖然簡明易懂，成果卻很驚人：它是無論新手或是專家都能施行的最有效投資策略！

——喬・歐爾森

Adventuring Along 網站創辦人

www.adventuringalong.com

http://forum.mrmoneymustache.com 總版主

投資未必是難事。事實上，不要把它搞得太難，反而更好，而且，拚命想把投資弄得複雜的那些人，幾乎都盼望把你的錢放進他們自己口袋。《簡單致富》涵蓋了想要成為成功投資人的一切須知，所以就好好讀這本書吧，其他亂七八糟的書就別管了，總有一天，你的錢會多到不知道該怎麼用！

——瘋狂偽裝者

www.madfientist.com

就我個人來說，我並沒有遵循柯林斯書中所揭示的策略。但我之前已經花了許多年努力研發與經營自己的方式。如果你是不想跟我一樣下苦功的人，我會推薦這本書。要是你的目標是財務自由，就會需要優化技巧、天賦、性格的各種策略，而在《簡單致富》一書的那些模式，一定能夠充分滿足你的目標。

——雅各・隆德・費斯克

Early Retirement Extreme 網站創辦人

www.earlyretirementextreme.com

吉姆挑選了一個通常很複雜，有時候甚至很嚇人的主題，而且還以人人都能懂的方式與大家分享。終於有一本以容易理解與操作的方式解釋如何致富、可以讓我大力推薦的書！

——傑洛米·賈克布森
Go Curry Cracker 網站創辦人
www.gocurrycracker.com

只要我一想到有關投資的著作，就會立刻聯想到吉姆·柯林斯在《簡單致富》的真知灼見與充滿條理的分析，它的精采獨到之處令我大開眼界，然後，我只能從自己的打字機把紙張猛扯下來，無奈揉成一團，然後乖乖去找我媽學別的食譜。已經有了這樣的巔峰之作，我沒辦法超越。對於財務自由心生好奇的讀者來說，《簡單致富》是我推薦的第一本書。

——安妮塔·達克
The Power of Thrift 網站創辦人
www.thepowerofthrift.com

吉姆·柯林斯具有把無聊財經概念轉為好玩有趣的天分。他可以把複雜主題弄得簡單易懂。

——麥可·莫耶
麥可與蘿倫頻道主
www.mikeandlauren.com

全世界有一堆的投資書，不過一定要入手這一本。犀利、完整、準確，甚至不時令人開懷大笑。如果說他的原則改變了我在這段歷程中的投資方式、讓我變得更富有，一點也不為過。

——「一千五百天」先生

www.1500days.com

閱讀本書的感覺不像在看投資建議，但它對於金錢觀所帶來的震撼遠遠超過了其他的理財書。

——史提夫・佛樂特

前美國五大出版社之一資深合約總監

《簡單致富》的重點其實是選擇生活方式——將會改變你看待人生以及生活的方式，涵蓋簡單三步驟的哲學：花費不要超過收入、聰明投資、避免負債。本書包括了解開無謂複雜度的簡明寓言，顯示複利力量如何為你帶來財富自由。文風簡白又口語化，而且重點都特別標示，可以輕鬆掌握。閱讀本書將會是你對未來的明智投資，而且也清楚點醒你什麼才是生活中真正重要之事。

——T・莫蘭

Roundwood Press 網站創辦人

www.roundwoodpress.com

本書是以吉姆・柯林斯精采部落格的『股票系列』為本，應該要成為投資者的「可靠」資源。他攻破了華爾街的誤導話術、複雜、專業術語，將投資簡化到足以讓任何人都可以處理自己的投資組合。最重要的是，吉姆・柯林斯涵蓋的不只是投資的技術面，也包括了心理與感情面，這一點在眾多理財作者中實屬罕見。

——逃脫藝術家

www.theescapeartist.me

《簡單致富》是我夢寐以求的投資書。別人解釋就會令人望之生畏的概念與術語，柯林斯卻成功拆解，讓學習投資世界變得輕鬆又迷人。他把新手上路而且成功不墜所須知的一切傾囊相授，這是你唯一需要捧讀的財富投資書。

——茱莉・摩根連德

Net Egg Chick 網站創辦人

www.juliemorgenlender.com

吉姆一邊享受財務自由的生活方式，一邊透過他的部落格分享金錢與生活的心得。他的『股票系列』向廣大讀者介紹了被動指數投資法。現在，你也可以透過書本精華的形式吸收同樣的智慧。吉姆告訴你要如何避開常見的投資恐懼、誤解以及錯誤。他教導的範圍包括了多樣化、資產類別、資產配置，還有運用退休計畫的最佳方式。這是一條通往投資成功、經過證實的簡單之路，出於某個真正操作者之手。如果你是投資菜鳥，

千萬不能錯過這樣的必修課速成班！

身為小型企業的老闆，我們最大的憂慮一直是該如何規劃退休。柯林斯掃除了有關投資的謎團與廢話。現在我們對於投資更有自信。我們熱愛自己的事業，但更愛的是工作慢慢進化為一項選擇，而不是必要條件。

我出身於大蕭條年代，我就像許多同儕一樣，對於股市產生一種不健康的恐懼。等到我終於明白投資是打敗通膨、建立財富的最佳方式之一的時候，我不知道該如何著手。然後，我開始讀吉姆·柯林斯的著作。這本書是最精采的理財書之一，不只是因為簡單，而且令人情緒亢奮。雖然時間教導我們股市未必一直是直線方式上漲，但柯林斯教導我們如何在股市起伏之中進行投資、不要受到重傷。而且，他還教導我們如何在完全不需頭痛的狀況下理財。

實用個人理財建議的精采文集，將會為你創造理財幸福的獨特成果。吉姆‧柯林斯具有事實導向投資概念的技巧，讓你學習之後可以強化自己的財金實力。對於期盼達到理財寧靜狀態的人來說，這是一本必讀的大師傑作！

——席潘
Street Smart Finance 網站負責人
www.streetsmartfinance.com

本書應該要成為所有投資新手的必讀作品！你可以在裡面發現廣泛的投資資訊，還有幫助你的錢發揮最大效用的某些聰明技巧與有趣竅門。吉姆‧柯林斯建立財富的常理式方法，可以讓每一個人都輕鬆致勝。

——明蒂‧傑恩森
社群經理
www.biggerpockers.com

致獻

本書要獻給我的女兒潔西卡,當初是為了她而寫,而且也是她鼓勵我持續寫下去。還要獻給多年來在www.jlcollinsnh.com提出疑問與評論的諸位讀者,讓我更加明瞭渴望財務自由者有哪些想望、亟需知道哪些事項。

免責聲明

　　本書裡的想法、概念以及其他一切，純粹就是我過去奏效的方式或慘痛經驗所累積的個人意見。現在可能對我再也不合用，也許對諸位也是。

　　但我希望本書能夠解答諸位的部分問題，並且提供重要指導，我無法知道讀者的個人狀況或需求的全部細節。

　　身為作者，我不擔保本書任何資訊之準確度、完整性、適時性、合宜性，或是效度，而且也不會承擔資訊之錯誤、疏漏或延遲，或是其內容呈現或運用所引發之任何損失與損傷，此書提供之所有資訊皆以現狀為基礎。

　　你必須為自己的選擇全然負責，本書當然不會提供任何保證。

前言

在這個世界裡,你真的應該要好好學一學的東西無所不在,而且有關這種東西的書籍也是無所不在。你所期盼的所有知識都已經出現在某本書裡頭、正等待著你,或者,是一整櫃的書。靠,光是投資為主題的書可能就塞滿某個地下停車場,而且當你爬回地表的時候,會發現還有更多的書不斷傾瀉在地。

問題在於大多數的書都很無聊,最後你就是隨手把書籤塞在二十五頁左右的某個地方、扔在一旁,然後再也不會回頭碰它。就算是具有最高超的技巧與最重要意涵的作品亦然,我發現有關投資理財書籍的大部分作者似乎就是搞不清楚方向。如果不是寫得落落長,就是寫出枯燥又沉重的段落,害你會發現都半小時過去了,自己還在重複閱讀同一頁,而心思早已飄向更好玩的事物了。

吉姆・柯林斯深受這種投資書籍寫作老派風格所苦,他把它完全拋諸腦後。所創生的是那種當你已經厭倦閱讀股票書籍之後、會讓你的腦袋開始運轉的內容。他並沒有拿出評量某檔股票阿爾法係數與比較其貝塔係數的深奧方程式,反而是把整個股市比為一大杯啤酒,向你解釋為什麼出現一堆難以預測到底有多少量的泡沫。

他生了營火，正準備開始講故事，要是這些故事正好是你一開始想要知道的內容，那麼這些新知識就成了開心的副作用。

　　多年前還真的就發生了這樣的場景，吉姆開始在www.jlcollinsnh.com撰寫一系列有關投資的部落格文章，我全部看完了，寫得真好，所以我開始向自己的讀者介紹，人數開始破千，然後又超過了十萬。

　　『股票系列』的好評開始流傳，時至今日依然如此，因為這是能讓大家真正看得過癮的文章。這是當然，作者擁有深厚技巧，而且在他自己令人豔羨的投資生活中進行了示範。不過，讀者不斷回流當然不僅僅是為了浸沐在巫術技巧之中——他們是在那裡享受營火，聽精采故事。

　　我想，正是因為那種超熱烈的回應，驅使吉姆重寫並擴展他的『股票系列』、成為這本更棒的書。《簡單致富》是一本有關股市投資的革命性作品（也是優秀的基本理財書），因為你會真心想看，享受閱讀過程，而且可以立刻拿出自己的錢將學習心得付諸行動獲利。

　　要是你聽到終其一生只需持有一檔先鋒領航基金就能大獲成功，想必會鬆了一大口氣。如果你想要的話，也可以另闢蹊徑，玩得更花俏一點，但要是你能夠盡量將一切簡化，不會有任何損失，而且一切都會到手。

雖然只有極少數人能夠真正遵循這個方法，但我發現通往財富之路其實很簡單，而且實行過程著實過癮，所以，以理財為主題的書也應該具有相同的優質特點，這一本正是如此。

　　　　　　　　　　　　　　彼得・阿德尼

　　　　　　　　　　　　別名「錢鬍鬚先生」

　　　　　　　　　　　　　　科羅拉多州

目錄

第三部　魔豆

第四部　完成目標後要做什麼

後記

楔子

「要是你伸手摘星，
應該是抓不到，
但也不會滿手爛泥。」

——李奧·貝納

第 1 章
簡介

　　本書的雛形源於我的部落格，www.jlcollinsnh.com。而這個部落格的起點，其實是我以前寫給當時十多歲女兒的一系列信件。這些信涵蓋了諸多議題——大部分是關於金錢與投資——她當時還沒準備好要聽這些事。

　　由於金錢是探索我們創建的這個複雜世界的唯一最重要利器，所以了解它就變得格外重要。如果你選擇要駕馭它，那麼金錢就會成為超好用的僕人；要是你不這麼做，那麼它當然就會成為你的主人。

　　「可是，把拔，」我的小女兒曾經這麼對我說，「我知道錢很重要，我只是不想浪費生命去思考它。」

　　這還真是讓我大開眼界，我喜歡理財，但大多數人的寶貴時間必須要處理更重要的事務：造橋、治病、協商條約、登山、發明科技、教導小孩、做生意……

　　不幸的是，無意忽略了理財，將會造成金融世界的那些騙子對你虎視眈眈。那些人把投資搞得複雜無比，因為要是越複雜就讓他們更加有利可圖，我們就得付出更高的成本，然後我們就得被迫進入他們等待的懷抱之中。

　　重大真相在此：複雜投資之所以存在，只是為了讓創造此

道、並且大力推銷的那些人賺大錢而已。那些方式不只是讓投資人付出更多的成本，而且也效率不彰。

以下是幾項值得考量的重要綱領：

- 花費不要超過收入 —— 把剩下的錢拿去投資 —— 避免負債。

- 光靠這一招就是了，你會變得很富足，而且不只是有錢而已。

- 背債的感覺就像是全身爬滿水蛭一樣可怕，而且下場也幾乎一樣悲慘。

- 拿出你最鋒利的刀，開始刮除這些吸血討厭鬼。

- 要是你生活方式的花費正好等於你的收入 —— 或是老天啊居然超過了收入，你只不過是一個鍍金的奴隸而已。

- 遠離那些對財務不負責任的人。絕對不要和這種人結婚，不然，絕對不能讓對方碰到你的錢。

- 避開投資顧問。他們當中有太多人一心掛念的只有自身利益。等到你知識具足能夠挑選一名好顧問的時候，其

實自行打理財務也不成問題了。那是你自己的錢，沒有
人會比你更在乎。

- 你持有了自己所擁有的那些東西，反過來說，它們也持
有了你。

- 金錢可以買下許多事物，但沒有比自由更可貴的東西。

- 生活選擇未必一定與金錢有關，但是你對於自己抉擇所
造成的財務衝擊，必須要隨時保持警醒。

- 健全投資之道並不複雜。

- 每一分錢的收入或是其他進入口袋的錢，都要存下其中
一部分。

- 儲蓄與投資佔收入的的比例越高，就能更快擁有「X我
不幹了的專戶」。

- 拿出收入的百分之五十儲蓄或投資，不要有任何負債，
絕對輕而易舉。

- 高存款比率具有雙重優點：你學會如何靠更少的錢過生

活，同時擁有更多的錢投資。

● 股市是建立財富的有力工具，應該要把錢放在裡面投資。不過，你要知道股市與你的股票市值有時候會劇烈下跌，這極其正常，也是預料中事。遇到這種狀況的時候，別管下跌，再多買一點就是了。

● 這會比你想像的困難許多。你周邊的人全都陷入恐慌，新聞媒體會狂吼，賣出！賣出！賣出！

● 沒有人能夠預測什麼時候會下跌，就連那些滿嘴宣稱自己能夠預測的媒體也不例外。他們在騙人，不然就是要賣你商品，或是兩者兼而有之，不要理會就對了。

● 當你每年能夠靠著投資總額的百分之四過生活的時候，就已經達到了財務自由的程度。

現在看來簡單又清楚的道理，我卻一路摸索得很辛苦，而且花了數十年之久。一開始給女兒的書信，然後是www.jlcollinsnh.com網站，到現在出的書，全都是我努力與她分享的心得，包括了哪些策略奏效、哪裡藏有地雷，以及這一切其實可以有多麼簡單，本來就該這麼簡單。我希望她看了之後可以幫助她的路途更平穩，失足的次數不要那麼多，個人財務自由

的那一天能夠早日到來，而且可以少掉一點眼淚。

現在，既然你拿起了這本書，我希望也能夠讓你有相同收穫。之後我們會討論以上的各個重點，所以就讓我們開始吧，以某個寓言故事作為起頭。

第2章

寓言：僧侶與大臣

兩名童年時代互為好友的男孩長大之後，分道揚鑣。其中一個成了清苦僧侶，另一名則是國王身邊有錢有權的重臣。

多年之後，兩人相會。見面的時候，肥胖大臣（身穿精美華袍）一臉憐憫看著這位消瘦又寒傖的僧侶。

「你知道嗎，要是你學會如何迎合國王，就不需要每天吃米飯與豆子了。」

僧侶對這句話的答覆是：

「要是你學會靠米飯與豆子過生活，就不需要迎合國王了。」

我們多數人都介於這兩端的光譜之中。對於我來說，更靠近僧侶的那一邊，就能過得更快活。

第3章

我的故事：從來就與退休無關

　　對我來說，追求財務自由的目的從來就與退休無關。我喜歡工作，而且我很享受自己的職涯。它關乎的是多重選擇；關乎能夠說出「不」；關乎「Ｘ我不幹了的專戶」及其所能提供的自由。

　　我在十三歲開始工作，如果你把為了存錢而挨家挨戶賣蒼蠅拍、收集路邊的汽水瓶也算的話，那就更早了。絕大多數的時候，我都樂在其中，而且我一直很喜歡領到薪資的感覺。

　　一開始的時候，我就是天生愛存錢，看到自己的錢越變越多的感覺真令人陶醉。我一直不確定怎麼開始的，可能是早已根植在我的基因之中。也可能是我媽媽哄騙我那張到了十六歲我就可以入手的紅色敞篷車照片，但最後並沒有。

　　我父親在我那年生日不久之前健康急遽惡化，不久之後，他的公司也每況愈下。我的存款拿來付大學學費，而且我也明白這是一個財務難保穩固的世界，敞篷車就之後再說吧。時至今日，看到某個中年失業的人就幾乎立刻破產的新聞，還是會讓我為之一驚。怎麼會有人眼睜睜看著這種事發生？這就是無法駕馭金錢的後果。

　　許久之前，我聽說了這個語彙，我知道我想要「Ｘ我不幹

了的專戶」。要是我沒記錯的話，我想此一詞語的來源是出於詹姆斯·克拉維爾的小說《貴族之家》，自從我看到的那一刻起，我的目標就變得很具體，而且還有一個永遠不會忘記的名稱。

在那部小說中，有個年輕女子努力追求鞏固她自己的「X我不幹了的專戶」。就她的標準而言，就是一筆完全不需要聽從別人的命令、可以在她自己的生活中隨心所欲的足夠經費。她的目標是一千萬美金，遠遠超過了單純的財務自由需求，至少，對我來說是如此，心中能夠保持一點那位僧侶的心態還是有好處的。

而我立刻領悟到的另一件事，就是如果要像我們開場的寓言所描述的一樣，過著那種儉樸生活，那麼財務自由的重要性絕對不亞於現金。

我與小說裡的主角不一樣，對我來說，「X我不幹了的專戶」未必需要能夠支撐下半輩子。有時候，只要能夠讓我稍微退場休息一下就夠了。我在二十五歲的時候第一次存到了這筆大錢，五千美元，我當時的工作是年薪一萬美元，做了兩年之後好不容易才攢下來。

那是我的第一份「專業」工作，而且我在大學畢業後、足足做了兩年的最低薪雜活餬口維生，才終於找到這份工作。但我想要旅行，我想要花幾個月的時間在歐洲四處耍廢。我去找我上司，向他要求四個月的無薪假，那個年代的人沒聽過這種事，他對我說：「不可以。」

那個時候的我並不知道勞雇關係其實有協商空間。你問了，上司決定，給了你答案，結束。

　　我回家，花了一個禮拜的時間思索，最後，我雖然非常喜歡這份工作，而且我覺得要找到這樣的工作也非常困難，但我還是辭職了。然後，發生了離奇的事，我的上司說道：「不要衝動，讓我先找老闆談一談。」

　　塵埃落定，我們協議的結果是給我六個禮拜的假，讓我可以騎著單車四處遨遊愛爾蘭與威爾斯。

　　雖然我一開始並不知道這種事可以協商，但我學得很快。我隔年又提出要求，拿到了一個月的年假，讓我去了希臘。我茅塞頓開，「X我不幹了的專戶」不只可以幫我付旅費，還可以給我協商的空間，我再也不會當奴隸了。

　　自此之後，我又辭職了四次，而且又被炒了一次魷魚。我在場邊休息的時間曾經有短短的三個月，最長是蹲了五年。我曾經利用這樣的時間轉換跑道、全心準備買某間公司、四處旅行，還有──也會遇到非我所願的狀況──完全沒有任何計畫。我的最後一次是在二〇一一年，而這次的目的是為了要保持退休狀態。但誰知道呢？我喜歡拿到薪酬的感覺。

　　我的女兒就是在我某次這樣的狀態下出生，嗯，當時是無薪假。很閒的時候，生小孩也是很自然的事。她現在是大人了，成長過程中看到了一天工作十八小時、老是不在家的爸爸，也見到了晏起又四處鬼混的爸爸。不過她一直很清楚我在做什麼，大多數的時候，我都是在從事我當時想做的事。

我喜歡這樣思考，這些經驗教會了她金錢的價值，還有，在並非金錢奴隸狀況下的工作價值。

　　當她約兩歲的時候，她媽媽回去當學生，而我正處於購買公司的階段，時間多得很。當她媽媽晚上在大學念書的時候，我女兒和我不斷觀賞一遍又一遍的《獅子王》，沒完沒了。我看過這部電影的次數應該是超過了其他所有電影的總和。現在一想到那些堆得高高的茶杯、還有我們蓋的「林肯木頭」小木屋，我們還是會哈哈大笑，那些時光是在我們一路培養而十分珍惜的父女關係之中的一大基礎。

　　雖然當時我沒有收入，但我們也還是決定該讓我的妻子辭去工作，成為全職媽媽。她自己是很喜歡這想法，但對她來說還是進退維谷。她跟我一樣，從小就開始工作，而且樂在其中。她覺得要是不工作就沒有貢獻。

　　「我們已經有了『X我不幹了的專戶』，」我說道，「我們不在乎好車或是更大的房子。要是妳繼續工作賺到的錢所能買的那些東西，難道會比妳在家陪伴女兒的時光更有價值嗎？」

　　以那樣的觀點來看，選擇變得很容易，她辭職，這無疑是我們目前所做出的最佳「購買物件」。當然，這也表示我們沒有工作收入，但在我們兩人都沒有工作的那三年中，我們的淨資產其實有增長，這是我們第一次完全領悟到我們已經超越了「X我不幹了的專戶」，早已進入了財務自由的階段。

　　至於我呢，雖然沒有找到可以購入的公司，但這一段搜尋歷程卻轉換為日後的諮詢工作，而在那兩三年的工作中，客戶

找我所付出的薪酬，還遠遠超過了我多年前的薪水，這就是所謂在美國失敗的代價。

當我們搬到新罕布夏州之後，我妻子成了我們女兒文法學校圖書館的義工。當然，她們的時間搭配得很完美。過了幾年之後，學校給了她一份有薪工作。這不是她習慣的辦公室職務，但也沒有壓力，而且充滿了樂趣，從此她再也不眷戀過往了。

在我們結縭的這三十四年當中，幾乎大部分的時間都有一人在工作，因此也巧妙解決了棘手的健康保險問題。在一九九〇年初期，我們曾經有少數幾年處於雙方均無雇主的狀態，我們買了某項自付額超高的可怕醫療保險，實在是太久以前的事了，所以我們不記得細節，而且反正現在應該也不適用了。不過，我們將會研究我們是否要在到達六十五歲、能夠參加「聯邦醫療保險」之前，我太太是否要停保，如果要這麼做又該是什麼時候。至於現在，她熱愛與學校裡的那些孩子們一起工作，還有可以讓她與我一起旅遊的閒暇時光。

我在本書後面的章節會進一步詳細解釋，正如同書名所暗示的一樣，我們的投資就是簡純的精髓。

各位也可以看出我並不是「多重收入來源」投資學派的人。簡單，在我的書中（我故意鋪的梗），就是更好，所以我們沒有畜牧、黃金、年金、權利金之類的標的。

我在二〇一一年辭去工作，已經完全進入財務自由狀態，而我們還留有先前時期留下的兩三筆投資。它們代表了我在這

些年犯下的諸多投資錯誤的最後遺緒。既然現在已經退休了，我們需要現金的時候，率先處理的就是這些投資，而當初動念的主要起因，就是我覺得自己能夠挑選打敗基本股票指數的投資方式。我過了許久之後才坦然接受事實，這是何其艱鉅的任務。有三件事拯救了我們：

一、我們堅持到底的百分之五十儲蓄率。

二、避免負債，我們從來不揹車貸。

三、最後終於採納了傑克‧柏格的指數指導──他是先鋒領航的創辦人，也是指數型基金的創始者──整整四十年。

回首過往，真正讓我大驚的是我一路走來居然犯下了這麼多錯誤。然而，那簡單的三件事還是讓我們到達了自己的想望之地。對於任何一個曾經做出糟糕決策、準備要改變的人來說，應該是具有鼓舞效果。

當我開始啟程的時候，沒有認識任何一個人走這條路。我不知道最後會怎麼樣或是會引發什麼後果。沒有人告訴我挑股票是笨蛋的遊戲，或者，其實並不需要靠大棒一揮才能達到財務自由。光是最後一點，就可以拯救我當初投資「馬利亞國際」（某間挖金礦的雞蛋水餃股）燒光光而慘敗的五萬美金，而失敗卻讓我最後賺到了錢。

所以我現在（再次）退休，感覺很開心。我喜歡沒有按時

作息的生活。我可以熬到半夜四點上床睡覺，睡到中午起床。或者，我可以在凌晨四點三十分起床，觀賞日出。只要是天氣或朋友召喚我的時候，我可以立刻跳上自己的摩托車出發。我可以在新罕布夏州閒晃，也可以人間蒸發好幾個月、一直都窩在南美洲。

當精神一來的時候，我就會在自己的部落格貼文，甚至還可以再寫一兩本書。要不然，我也可以乾脆就拿著咖啡坐在門廊、閱讀別人寫的書。

我的少數懊悔之一就是花太多時間擔心到底能否水到渠成。真的是太浪費了，但這有點算是我的天性，諸位千萬不要這樣。

隨著年紀增長，我越來越覺得自己手中的每一天都彌足珍貴，我益發堅持要清理再也不會增加價值的生活事物、活動，以及人，而且要尋找並加入那些會增值的一切。

世界廣大美麗，金錢只是裡面的一小部分，但「X我不幹了的專戶」可以為你獲得自由、資源，以及時間，任由你以自己的方式盡情探索，不論要不要退休都一樣，可以盡情享受你的旅程。

不過，首先要確定自己仔細閱讀以下列出的各項重點。

第4章
重點

第一條重點：世事多變

　　在本書的某些段落當中，我會提到各式各樣的法規，還有類似共同基金費用比率、特定數據、稅級、投資帳戶上限之類事物的特定數據。雖然我在撰寫的時候都確認100%精確，但它們就像這世界上的許多事物都會發生變化一樣。真的，在我各種重寫的文稿版本中，我就發現自己必須更新資料多次。

　　等到各位看到這本書的時候，想必裡面有些資訊已經過時了。由於它們主要功能是闡釋我所提出的更宏觀概念，應該是無關緊要。不過，要是各位需要找尋自己狀況的解答，或者是純粹基於好奇，一定要自行花時間尋找最新的法規與數據。

第二條重點：本書中所運用的預測與計算器

　　在第3、6、13、19、22以及23章當中，各位會看到「如果是這樣的話」的各式各樣場景。

　　為了要營造這樣的情節，我必須要選擇某個特定計算器，然後輸入參數。依照依精確的說法，這些場景只是為了要製造

或說明某一觀點而生。雖然數值輸入正確無誤，但最後的結果並非、也不可能是未來的保證預測。

依照個別狀況，這些設定情境都會同時提供計算器的網站連結。舉例來說：

* http://dqydj.net/sp-500-return-calculator/（使用：股息再投資／忽略通膨）

** https://dqydj.com/sp-500-periodic-reinvestment-calculator-dividends/（按下「顯示進一步選項」頁籤，在「忽略稅負」與「忽略費用」項目打勾）

*** http://www.calculator.net/investment-calculator.html（點選「最後總額」頁籤）

推算這些情境的時候，我選擇：

● 選擇「股息再投資」，因為投資者在建立財富的時候通常會這麼做（也應該要如此）。

● 忽略通膨（太難預測了）、稅負（個體差異太大），還有費用（也是各有差異，要是你選擇我推薦的指數型基金，費用最低。）

如果各位想要看看包含這些變項的數據，我鼓勵大家自己造訪這些計算公式網頁，輸入自己的數據。

我在說明這些場景的時候，經常採用的區間是一九七五年一月到二〇一五年一月，原因如下：

- 這是完整的四十年區間，而且本書鼓吹的重點就是長期投資。
- 一九七五年是傑克・柏格推出全球第一個指數型基金的那一年，而這本書的鼓吹重點正是指數型基金。
- 一九七五年正好是我開始投資的那一年。

結果，運用我上頭所列出的參數，自一九七五年一月到二〇一五年一月這段期間當中，每年的股市報酬率平均是11.9%。各位繼續閱讀下去就會發現，到處都可以看得到任何一年的真正報酬。不過，在那四十年過後，塵埃落定，平均值是11.9%。

這數字真驚人。

我已經聽到反對者開始咆哮：在二〇〇〇年一月到二〇〇九年一月這段期間中，股市的報酬率距離11.9%可差得遠了，的確如此。當時加上股息再投資的報酬率是難看的-3.8%。不過，在過去一百年當中，那段時期是最慘澹的投資區間。

一九八二年一月到二〇〇〇年一月，最美好的時光之一，報酬率遠遠超過11.9%，平均是18.5%左右。把時間拉近一點，自二〇〇九年一月到二〇一五年一月，報酬率是每年17.7%。

其實，無論是哪一年，出現特殊股市報酬率的狀況都極為罕見。而且，平均報酬率其實也是大起大落，端看你究竟選擇哪一段期間而定。

所以，這就讓我有點左右為難。那四十年的真正、實際報酬率是11.9%。不過，我一定要把這個講得清清楚楚，這絕對不能當成未來預期的報酬率。

我絕對沒有建議你可以根據每年11.9%的報酬率規劃未來。

一想到別人可能會對我產生的觀感，不禁讓我陷入長考。所以我考慮運用不同的時段區間，但考量上述所提出的各個變項，這樣只會生出另一個同樣無法展望未來的百分比數字。

運用同一個四十年週期、但套用不同參數，也是個選項，結果應該是這樣：

- 沒有股息再投資：8.7%
- 沒有股息再投資＋通貨膨脹：4.7%
- 股息再投資＋通貨膨脹：7.8%

不過，基於上述的理由，雖然這些數字看起來比較沒那麼令人震撼，但功效甚至更低。

我一度考慮隨便挑個貌似合理的百分比吧，就8%好了。真的，各位後來可以發現，我在兩三個實例中都運用了8%。

大家常說每年股市報酬率介於8-12%，而這些案例使用數值範圍低端似乎最為合理。但話說回來，隨便抓一個數字，誰能說是「合理」？

最後，各位之後也會發現，我大部分還是採用那個驚人的11.9%。就像大家常掛在嘴巴上的一樣，就這樣嘛。但是，我要重申⋯⋯

我絕對沒有建議你可以根據每年11.9%的報酬率規劃未來。

我們只是在這裡做一點「如果是這樣的話」的分析，進一步探索各種可能性。要是你覺得11.9%這數字太高——或是太客氣——你可以自行運用對你來說最合理的百分比或是時間區段進行計算。

無論你選擇為何，就算這是以數十年時間為基準的合理正確數值，也未必每年都會出現。沒有人能夠準確預測未來，當你在檢視這類練習的時候，這一點都要切記在心。

第一部

基本介紹

「驚濤駭浪，但我撐得住。」

——「金髮美女」樂團

第1章
債務：萬惡至極的負擔

　　大學畢業兩三年之後，我拿到了人生中的第一張信用卡。那個年代要弄到這個東西可是困難多了。不像現在，就連我那隻沒工作的貴賓狗也弄得到自己的信貸額度。

　　我第一個月累積的帳單大約是三百美金左右。帳單到來的時候，列出了每一家商店的消費，最下方則是總額。而右上角出現一個裡面有$符號的小方框，旁邊有一行空白欄，而欄位下方列有以下的粗體字：最低應繳金額：十元美金。

　　我幾乎無法相信眼前所見的數字。我買了總值三百美金的東西，卻只要求我每個月付十美金就好？而且我還可以買更多？哇！太棒了！

　　不過，我心底還是傳出父親的聲音：「要是聽起來好得不可置信，那就是千萬不能相信。」絕非「八成有問題」或是「恐怕有問題」，真的是有問題。

　　所幸，我姊姊當時坐在附近。她伸手指向契約細則，上面寫的是對於他們希望我置之不理的那兩百九十美元、他們準備要向我收取18%的年息。什麼？這些人把我當白痴？

　　其實，還真的是如此，這並非針對我個人，他們覺得我們大家都一樣蠢。而不幸的是，還經常被他們言中。

我們先停頓一會兒，看看周邊的人、你身旁的親友，還有世間的芸芸眾生。

要是你稍微研究一下，將不難發現大家毫不猶豫就接受了建立財富的最危險障礙：債務。

對於行銷人員來說，這是一大利器。它可以讓他們銷售產品與服務的時候變得更加容易，而且是遠遠超過財力的價格。

你覺得要是沒有容易的貸款，容易推銷平均價格三萬兩千美元的新車嗎？或者，要是沒有唾手可得的學貸，超過十萬美元的大學教育費呢？再想想吧。

債務一直被吹捧為生活中理所當然的一部分，而且大多數的人也奉為圭臬，這一點並不意外。

的確，堅持這不「正常」很難站得住腳。就在我撰寫本書的時候，美國人背負的總債務是十二兆美元：

- 八兆美金房貸。
- 一兆美金學貸。
- 三兆是信用卡卡債或汽車貸款之類的消費性借貸。

等到你看到這本書的時候，這些數字鐵定會越來越高。更令人心焦的是，你認識的人幾乎不覺得這是問題，其實，大多數的人會把它當成是進入「美好生活」的門票。

不過，我們得把事情講清楚。本書是指引你走向財務自由之路，重點是讓你獲得財富自由，幫助你變得有錢，可以讓你

掌控自己的財務命運。

我們再看看這些人吧。大多數的人都無法達到這個境地，而唯一的主因就是他們接受負債。

如果你真心想要達到財務自由的目標，必須要以另類方式思考。開始認知到負債不該被視為正常，應該要把它當成累積財富潛力的邪惡又致命的摧毀者，在你的理財生涯當中，萬萬不能給予它任何空間。

許多人（其實是絕大多數的人）似乎很樂意讓自己深陷債務之中，這一點實在遠超過我的理解能力，很難想像該怎麼解釋、甚至為什麼需要解釋它的缺點。不過，我可以列出一堆理由：

- 你的生活方式會受到限縮。暫且先不要管達成財務自由的雄心壯志了。就算你的目標是要過著極致消費的生活方式，你背負了更多的債，利息侵蝕收入的部分也就更大。你收入的其中一部分（有時候是一大部分）已經被花掉了。

- 你會成為自己所有收入來源的奴隸，你必須先處理債務，與自身價值與長期目標一致的決策執行能力會大受侷限。

- 你的壓力程度節節升高，宛若被活埋一樣。被債務箝制所造成的情緒面與心理面的影響既真實又危險。

- 你得要承受所有成癮問題的同一種類型負面情緒經驗：

羞恥、罪惡、孤單，而且最重要的是：無助。由於這是你自己造成的監牢，讓問題變得更加棘手。

● 你的看法會變得狹隘無比，壓力程度爆表，恐怕會陷入只會強化消費依賴度的自我毀滅模式，也許是酗酒或是抽菸。或者，諷刺的是，繼續購物，花更多的錢，這是一種萬劫不復的危險循環。

● 你的債務會容易讓注意力只以悲慘至極的方式集中在過往、現在，以及將來。你一心只想到過往的錯誤、現在的苦痛，以及即將籠罩而來的災難。

● 你的腦袋一聽到能夠在之後的某段神奇時光，以某種神奇方式解決債務問題的些許希望，很容易就會進入關機狀態。與債務共存的想法，會根深蒂固在你的理財態度、習慣，以及價值之中。

好，可是我該怎麼處理自己的債務？

雖然這裡的真言是「盡量避免負債」，但要是你已經有了債務，應該要好好想一想提前付清是否會是你資本的最佳運用策略。面對今日的環境，以下是我的粗略原則：

如果你的利率是⋯⋯

● 少於3%，那麼就慢慢還，改將這筆錢拿去投資。

● 介於3-5%，只要你覺得安心就不成問題：無論是拿去

還債或投資都可以。

● 高於 5%，盡快還清。

不過，這不只是看數字而已。要專心讓生活脫離債務、繼續往前走，還有許多要注意的事項，尤其是萬一你無法控制自己債務的時候。

好，我要付清，那現在呢？

有無數的文章與書籍都在討論擺脫債務包袱。如果你看完這一章之後、深覺需要更多的指導與幫助，一定要採納它們的方式。但要小心，千萬不要讓追求手段成了行動的阻礙。其實，沒有輕鬆的方法，但其實方式很簡單。

如果換作是我，我會這麼做：

● 逐一列出所有欠債。
● 砍掉所有非必要性支出，我的意思是每一個都不能放過。那些習以為常的五美元咖啡、二十美元的晚餐、十二美元的雞尾酒，諸如種種。這樣一來，對於那些焚燒你生活的債務烈焰，就可以生出足以滅火的那筆錢。你傾注得越多，止燃的速度就越快。
● 依照利率列出各項債務。

- 支付各項債務的最低應繳金額，然後把剩餘的錢先拿去對付利率最高的那一個。
- 等到解決了第一項債務之後，繼續對付利率第二高的項目，然後逐一往下解決。
- 全部解決之後，寫封信告訴我，我會舉杯向你致敬！

如果換作是我，我不會這麼做：

- 我不會花錢尋求諮詢服務。這樣只會增加你的花費，而這類的信用諮詢服務完全沒有任何的神奇公式或技巧能夠減低痛苦。能夠擔負此一任務的是你，而且只有你。
- 我根本不會想要去協商債務做集中還款，就算是較低利率也不會考慮。你把錢還給這些小騙子必須要盡快又果斷。等到他們消失之後，你的利率就是零。那是你的目標，而不是僅僅把貸款利率從18%降到12%。這才是你的時間與心力的焦點，而不是去研究小聰明策略。
- 我不會為了鼓舞自己而先付掉小額貸款。我知道至少有一種以上的主流策略把它當成關鍵元素之一，要是這樣能夠讓你更堅持目標，那就做吧。不過，等到你看了更多本書內容之後，你會發現我並不是這類暫時性工具的支持者。比較好的方式是調整自己與面對數字的自我態度，而不是為了因應自己的心理舒適感而調整策略。

總之，沒有花俏的技巧。做就對了，趕快完成。

這項任務並不容易。簡單，是的，輕鬆，並沒有。

你必須大幅度調整生活方式與消費，才能攢到解決債務的錢。

這一切需要嚴格紀律，才能持續執行計畫好幾個月，也許是好幾年之久，這是清償債務的代價。

不過，還是有好消息，而且是超棒的好消息：

一旦培養出根深蒂固的較低花費生活方式，將多餘的現金轉移到還債之路，也就正好同時創建了開始累積財務自由所需的平台。

等到債務還完之後，你只需要把錢轉為投資就是了。

你享受過盯著債務逐漸縮減的快感，現在，就能得到盯著財富逐漸累積的歡喜。

不要浪費時間。債務是需要你立刻全神貫注的危機。要是你目前處於負債狀況，還清債務是你的第一要務，沒有比這更重要的事了。

再次看看你周邊的人。對大多數的人來說，債務純粹就是生活的一部分，但未必要套用在你身上。

你又不是天生為奴。

有關「好債」的一些警語

你偶爾會聽到「好債」這個詞彙。如果你想要利用它，務必力求謹慎，我們馬上來看一下最常見的三種類型。

商業借貸

某些（但不是全部）企業會固定借款，原因千百種：購置資產、為存貨與擴張籌措資金等等一堆理由。要是運用得巧妙，這樣的債務會帶引企業蒸蒸日上、提供更多的收益。

不過，債務永遠是危險的工具，而且在商業史之中被舉債而終遭摧毀倒閉的公司比比皆是。

如何以精明方式面對這種債務已經超過了本書範圍，但我還是要指出這世界依然有小心翼翼、成功運用這一招的人士。

抵押借貸

購屋的抵押借貸是「好債」的典型定義，但事實未必如此。

抵押借貸的便利度很容易會讓人買下不需要的房子，或者是未經深思熟慮的過於昂貴的物件。很遺憾，房仲與貸款仲介常常鼓勵這種過度支出的行為。

如果你的目標是財務自由，也就是負債要越少越好。換言之，你應該要找的是滿足需求的最基本房屋，而不是理論上的負擔極限。

一定要記得，要是買了越多房子，花費就越高。不只是更多的房貸而已，還有更多的房屋稅、保險、水電瓦斯、保養修繕、裝潢、家具、園藝，還有為了建立資產淨值而壓在上頭的金錢的機會成本，而這些都還只是我信手拈來的項目而已。

更多的房子，也就表示必須維護與填充的物品越來越多。你任由自己在生活中擁有更多、更貴重的東西，它們也會需要你付出更多的時間、金錢，還有精力。

房屋是一種昂貴的耽溺，並不是投資。如果這種耽溺真的有其需要，而且時刻時機適當，其實也沒有關係。我也有幾棟房子。但千萬不要被必須擁有自宅的想法所蒙蔽，永遠保持財務健全狀態，背負這種「好債」自然不成問題。

學貸

當年我在一九六八至一九七二年期間於伊利諾大學就讀的時候，每年的學費總支出是一千兩百美元。這個數字涵蓋了一切：學費、書籍、租屋、伙食，甚至還包括了一點小小的娛樂。

每逢為期十二週的暑假，我就會去打工，砍下染病的榆樹。每天的工資是二十元，一週工作六天，每個禮拜可以存下一百美元，到了秋天正好拿去付學費。

當然，我住的是原本應被充公的破舊屋舍的其中一個房間，一個禮拜總有兩三頓的晚餐是白飯配蕃茄醬。

時間快轉至二〇一〇到二〇一四年，我女兒的大學年代。

同為州立大學的羅德島大學的一年總花費平均是四萬美元。她的另一個選擇，紐約市立大學則是六萬美元。我的某位前同事曾經這麼說，那就像是買一輛全新的寶馬，開了一年之後就丟掉，然後，再買一輛，連續四年幹這種事。

通膨當然扮演了重大角色。運用消費者物價指數計算，一九七〇年一美元的購買力等於是二〇一四年的六點一九元，足足是六倍之多。

從同一時間週期來看，四年州立大學學費從四千八百美金漲到了十六萬美金，增加了三十三倍。

但千萬別誤會了：容易輕鬆取得的學貸，讓這個體系被錢所淹沒了。

各個大學拚命在蓋大樓，更貴的價格需要更貴的環境予以合理化。

一九七〇年大學校長的平均薪水是兩萬五千到三萬美元，而現在的平均水準是五十萬美元，而且可能會上看數百萬美元。

這不只提高了大學教育一切費用，也的確排除了便宜生活的選擇。

我以前住的破爛屋舍？早就拆掉了，取而代之的是漂亮新宿舍。

靠米飯加蕃茄醬餵飽肚子？別擔心，我的朋友都幹一樣的事，那是某種驕傲的來源。時至今日，它已經成為某種尷尬的來源，因為你那些揹學貸的好友們都是外出吃壽司。

除此之外，這種持續上升的大學學費與債務的不幸後果之一就是它扭曲了高等教育的真正概念。它不是在追求學習與素養，反而成了在追求某種職業訓練，就是為了要努力找到能符合這種驚人支出與隨後負債之正當性的工作。

　　就算是成功找到了，在這種吸引力褪淡之後，年輕人卻還是久久無法擺脫工作的枷鎖。年輕人應該要花時間四處探索——建立與擴展個人的視野——而不是被鎖鏈折磨。

　　而真正的圈套在此：所有的債務都很可怕，但它卻和其他的不一樣，因為你永遠沒有辦法一走了之。

　　它們會拖到你破產，會跟著你進入墳墓，你的薪資，甚至是社會安全福利金都會被抽去抵債。

　　難怪銀行這麼殷勤核發這種貸款。

　　我是個人責任的堅定信仰者，扛下的債務當然要如實歸還。不過，鼓勵十七與十八歲的人——很可能對財務所知無多的這個族群——幾乎是在毫無意識的狀況下承受這樣的重擔，不禁讓我陷入長考。

　　我們創造出一個契約奴隸的世代，很難透過其中看到道德或是益處。

第2章

你為什麼需要「X我不幹了的專戶」

　　九一一事件發生過後沒多久，我被公司踢出門。

　　六個月之前，我們部門的總監曾經為了向我慶賀而請我吃午餐，因為我們當年的成績破紀錄。我們有了爆炸性成長，利潤豐厚嚇嚇叫。我們開了瓶上好紅酒，討論了我的大好未來。

　　那是我有史以來最好的工作。我們有強大團隊，強大的領導人，好玩，我也賺了很多錢，我剛剛兌現的分紅支票總額超過了我過去任何一年的薪水。

　　一年之後，我與小女兒坐在沙發上看新聞。憂心忡忡的新聞小組正在拍攝一群宛若大蕭條時代風格的排隊領麵包的群眾。記者說，這些人是悲慘經濟之下的失業新窮族。而我當時依然沒有工作，還在舔傷階段。

　　「把拔，」當時八歲的女兒說，「我們很窮嗎？」她真的是十分擔心。

　　「沒有，」我回道，「我們還好。」

　　「可是你沒工作……」我很確定，她在想的是，我明明就與電視上那些無業可憐人一樣，天曉得她到底知道工作是什麼啊？

　　「寶貝，沒問題，但我們有一筆為我們工作的錢。」

這是我當初說出口的話，但我其實心中想的是，這就是我為什麼工作這麼努力、要確保自己擁有「X我不幹了的專戶」的原因。

　　一開始的時候我可能不知道它的名稱，但我知道它是什麼，而且為什麼如此重要。金錢可以買許多東西，但最有價值的就是自由，隨心所欲、為自己所尊敬的對象工作的自由。

　　那些活著就是靠薪水支付帳單的人就是奴隸，而那些背負債務的人是扛著更沉重枷鎖的奴隸，絕對不要以為他們的主子對此渾然不知。

　　我先前已經提過了，我在自己從事第一次專業工作的時候，靠著自己攢下的微薄「X我不幹了的專戶」，連續兩年與上級協商，喬出額外的假期。到了一九八九年，那筆錢與它所提供的自由已經有了大幅增長，也許還不夠退休，但隨口說出「X我不幹了」已經是綽綽有餘。

　　那個時點很幸運。我正想休息一下，找尋自己有意購入的公司。某天早上，我發現我居然和老闆在辦公室走廊互吼，才想到也許這一刻已經到來了。

　　我可能沒有賓士，但我擁有自由。選擇何時離開工作的自由，當我無法選擇、卻不必為此憂心的自由。

　　很好。結果在九一一之後我整整失業了三年之久，我找工作真的是很遜。

第3章

大家都能在退休時成為百萬美金富翁嗎？

「真有可能每個人退休時都是百萬美金富翁嗎？」

好幾年前曾經有人在我的部落格貼下這個超嗆的問題，自此之後，它就一直在我的腦中喧鬧不休。

簡短回答一聲「對！」是不成問題，只要是中產受薪階級都可能在退休時成為百萬美金富翁。每一個中產受薪階級都有可能在退休時成為百萬富翁，不過，這永遠不可能成真，而且原因並非是數據失靈。

根據數字告訴我們的事，在時間的複利效果加持之下，真的可以靠著投資一筆小錢，推升到一百萬美金。在一九七五年一月到二〇一五年一月的四十年當中，股市加上股息再投資的年報酬率是11.9%（要是你一直把股息花掉，那麼年報酬率是8.7%[1]）。依照這樣的利率計算，只要在一九七五年的時候將一萬兩千美元投入標普五百股市，那麼現在的數目（一百零七萬七千四百八十五美元）就會足足超過一百萬美元[2]。

手邊沒有一萬兩千美元的閒錢？沒關係，要是你在一九七

1　* http://dqydj.net/sp-500-return-calculator/（使用：股息再投資／忽略通膨）

2　** https://dqydj.com/sp-500-periodic-reinvestment-calculator-dividends/（按下「顯示進一步選項」頁籤，在「忽略稅負」與「忽略費用」項目打勾。）

五年開始投資，每個月花一百三十美元（一年一千五百六十美元），到了二〇一五年一月的時候，你就擁有九十八萬五千一百零二美元[3]。是還沒到一百萬美元，但也不算是滿手爛泥。

就是想要超過百萬美金？那麼就把數字稍微提高一點，每個月多加個二十美元，成為每月投資金額一百五十美元——或者是一年一千八百美元——也可以讓你達到一百一十三萬六千六百五十六美元。除了你的一百萬美元之外，還多了一輛全新特斯拉與雪佛蘭Corvette跑車。

要是你仔細想一想，衡諸過去這四十年來的這些金融風暴，這個數字相當驚人。

不過，重點是要知道複利需要時間，所以如果能夠從年少開始，會有加分效果。

當然，百萬美元是隨口喊喊的目標。也許更好的問題應該是這樣的：每個人都能達到財務自由嗎？

在類似www.earlyretirementextreme.com與www.mrmoneymustache.com的部落格貼文之中，各位會看到無數收入普通、靠著節儉度日的人、在極短時間內努力存款達標的故事。比方說，要是你能夠像《Early Retirement Extreme》部落格作者一樣過著每年花七千美元的知足生活，那麼，只要有十七萬五千美元的投資總額，靠著每年提領4%就不成問題（詳情參見第29章）。

3　** https://dqydj.com/sp-500-periodic-reinvestment-calculator-dividends/（按下「顯示進一步選項」頁籤，在「忽略稅負」與「忽略費用」項目打勾。）

不過，從另一方面來看呢，我還記得自己在一九九五年聖誕節前與某位朋友共進午餐的情節。他剛拿到了他的年度分紅：金額是八十萬美元。而他從頭到尾都在抱怨光靠八十萬美元年終紅利這種鳥錢沒辦法讓他收支平衡。我有些吃驚，聆聽他唸完自己的各項花費之後，其實他說得沒錯，他每三個月燒的錢就超過了十七萬五千美金。對他來說，財務自由是一個遙遠的夢。

　　金錢是一種具有強烈相對性的概念。現在我皮夾裡約有一百美元。然而對於某些（非常有錢）的人來說，與他們的財產淨值相比，一萬美元並沒放在眼裡，就沒那個價值了，而對於其他（甚至更有錢的人）人來說，這個數字是十萬美元。話說回來，對於（世界上極貧人口的大多數）其他人來說，可能一整年看到的錢還根本不到一百美元。

　　想要完成獨立富足，限縮需求與所擁有的金錢一樣重要。這與你能賺多少錢沒有太大關聯——當低收入者已經達標的時候，高收入者多半已經破產——重要的是你的價值。金錢可以買得許多事物，但一切的重要性都比不上你的財務自由性。以下是簡單的公式：

花得比賺得少 —— 拿餘額去投資 —— 避免負債

　　正如同我們在前言裡所討論的一樣，光是靠這一點，最後就會讓你致富，不只是金錢層次而已。但要是你的生活方式等

於或超過你的收入，就會喪失了財務自由的希望。

我們來思考一個例子。假設你每年賺兩萬五千美金，決心要達到財務自由。可以運用先前那些部落格所提到的某些生活方式技巧，你會想要調整自己的生活方式，降到每年花費一萬兩千五百美元。此時就會立刻出現兩大要點：降低需求；生出能夠投資的現金來源。現在，讓我們將某些場景套用一下我們的計算公式。

假設你要是能夠靠財產淨值的4%達到財務自由，那麼你需要的金額是三十一萬兩千五百美元（這個數字的4%是一萬兩千五百美元）。你每年將自己的一萬兩千五百美元進行投資（我們會放在VTSAX——先鋒領航的整體股市指數型基金），假設以過去四十年的股市報酬率11%作為標準，要到達那個目標（三十一萬七千一百七十五美元）所需的時間是十一點五年[4]。

到了這個階段，你會說：「好，一直存錢已經讓我受夠了，現在我要加倍花錢，從此以後，年薪兩萬五千美元就是全部花光光。不過，我還是會留著三十一萬七千一百七十五美元這筆保本金。」在短短十年之中，就算你再也不丟任何一毛錢進入那個帳戶，它也會增長為九十六萬一千九百四十六美元，這筆錢每年可以產生的4%提領金額是三萬八千四百七十八美元，現在你不只是可以辭去工作，而且還可以為自己加薪（而

4　*** http://www.calculator.net/investment-calculator.html（點選「最後總額」頁籤）

且數字相當豐厚）。

　　為了純化算式，我這裡就先略過稅負問題。不過，我想你一定不明白薪水為什麼都沒有漲，還有為什麼我還把錢都丟入先鋒領航的整體股市指數型基金、提領率是4%。別擔心，我們之後會再深入研究。目前，我們只需要做一點「如果是這樣的話」的分析，幫助你可以明白自己的錢可以購買到比物品更有價值的東西。

　　不幸的是，只有少數人可以看出這也是選項之一。現行的普遍又強大的行銷力量，糊化了這種選擇其實存在的概念。我們被這樣的訊息不斷無情轟炸，我們絕對需要最新奇的各種小玩意兒，就是得要擁有最流行的當紅垃圾品。他們告訴我們，沒有錢不成問題，信用卡與發薪日貸款就是在這時種候可以派上用場。

　　就是因為這種思維，造成許多人覺得光靠兩萬五美金年薪要達到百萬美元的目標何其困難。這倒不是因為有什麼邪惡陰謀在運作，純粹就是商業機制遂行需要而已。不過，這卻會扼殺你累積財富的機會。

　　隱身在這種說服之高超技巧背後的科學令人驚嘆，而且也下了重本。基本需求與欲望的界線被刻意操作得越來越模糊，多年前，我的某個朋友買了一台全新的攝影機。那是極品中的極品，他記錄了小兒子生活中的每一個時刻。他有次熱情大噴發，對我發出感慨：「吉姆，你知道嗎？要是沒有這類東西，怎麼可能把小孩好好養大！」

哦，不是這樣，明明就可以啊。其實，人類歷史進程中的千百億人口從來沒有任何人被拍過。接下來我要說的這段話聽起來可能有點嚇人，但其實現代很多小孩也沒有，其中也包括我自己的小孩。

　　你不需要去特地認識某個會告訴你要是沒有哪些東西就活不下去的人，不必誇張到這種程度，你的周邊應該也有這樣的人。不過，如果你想要坐擁財富——同時需要控制需求、擴張資產——值得好好省思與質疑那些信仰。

第 4 章

要如何思考金錢

第一階段：不只是與花費有關而已

拿出一張這個面額的簇新鈔票：

把它放到桌上，正對自己，思索一下它對你的意義，比方說……

1. 現在你腦中思索的可能是可以買什麼。一百美金可以讓兩個人在某間高檔餐廳享受一頓很不錯的晚餐，買一雙超炫的球鞋，為自己的大屁股貨卡買一櫃瓦斯燃料，好幾袋的食品雜貨，也許買件漂亮毛衣？我不知道。我平常很少買東西，所以這對我來說很困難。我剛買了一張

一百一十九美元的 L.L. Bean 品牌的床給我的小狗，但這筆錢還是會退回來的，牠不肯睡在那上面。

2. 你可能會想，嗯……也許拿去投資好了。從歷史面看來，股市年報酬率大約是 8-12%，我可以每年花那些孳息，但依然保有原來的一百美元，為我賺更多的錢。

3. 你可能會想，不過，通貨膨脹與股市下跌令人擔憂。我會把這個一百美元拿去投資，但每年只會提領 4%，而多餘的收入會繼續投資，所以我的一百美元會持續增長，它所生出的錢可以跟上通膨的腳步。

4. 你可能會想，我要把這筆錢拿去投資，而且要把它賺得的錢繼續不斷投資利滾利，多年之後，等到複利發揮了它的神奇效果，我會再想想花錢的事。

你可能已經想出了其他的變化版本，不過，仔細研究一下這些想法，可以看出某個想法會害你一直窮下去，某個會讓你進身中產階級，還有某個可以讓你繼續提升自己、走向通往致富之路的最後一步。

思考麥可・泰森的例子

泰森先生是有史以來最令人為之生畏的可怕拳擊手之一。說到「甜蜜科學」（拳擊），鮮少人能夠超越他，但碰到「沮喪科學」（經濟）——他的表現就沒那麼猛了。他賺進了約三億美金，最後居然破產。每個月豪擲四十萬美元的著名生活風格

更是救不了他。沒有理財觀念的暴發戶總是一樣的下場，我懷疑覬覦他財產的那些鯊魚老早就迅速圍在他身邊。不過，問題的根源在於他當時對錢的理解就只是等於拿來買東西而已。

我沒有要批評泰森先生的意思（我絕對不是笨蛋好嗎），抱持這種金錢觀的人，並不是只有他而已。這個世界到處充斥著賺的錢嘩啦啦進來卻又立刻流向別人口袋的運動員、演藝人員、律師、醫生、企業高級主管等等之類的人。就某種程度來說，他們一直沒有機會，從來沒有想過該如何思考金錢。

這並不困難。不要再想你的錢可以買什麼，而是要去想你的錢可以賺到什麼。然後，再思考那筆錢賺入的錢能賺什麼。等到你開始這麼做之後，你就會明瞭當你花錢的時候，不只是那筆錢就此永遠消失，就連它可能賺入的錢也跟著不見，以此類推。

當然，這些話的意思絕對不是說我們永遠不該花錢，而是要在花錢的時候充分理解它所蘊含的意義。現在讓我們好好思索一下，買一輛兩萬美金的車子是怎麼回事。

就連對財經最天真無知的人應該也看得出來，一旦你買下了那輛車，就再也無法擁有那原來的兩萬美金了。至少，我希望大家是有這種常識啦。

不過，令人焦心的是，似乎大多數的人都不明白，貸款或借錢買車其實就等於說出這樣的話：「天，我不想要為這輛車付出兩萬美金，我想要付更多，超多。」

第二階段：思索機會成本

　　諸位可能不曾想過，而我希望大家現在可以仔細思考的是這一個概念，就算你以現金支付，那輛車子也會害你付出遠遠超過兩萬美金的成本，將會產生那筆錢再也無法成為你的某種機會成本。「機會成本」就是當你把錢投入某項物品（比方說某輛車）而不是他項（比方說投資）的時候所放棄的東西，而且這一點很容易量化。

　　你要做的只是挑選如果不動用這筆錢，可以把它拿去投資賺息的某項替代品。由於我之後在本書中會一直提到（同時也會解釋）VTSAX（先鋒領航的整體股市指數型基金），就讓我們用這個說明吧。

　　目前，你只需要知道VTSAX是某種整體股市指數型基金，它可以反映出股市每年落於8-12%的平均獲利率。既然我們的替代品可以給我們一個確切數字，作為我們的機會成本運算使用，那麼就讓我們挑選這段數字區間比較低的那一端：8%。

　　如果是8%的話，兩萬美金每年可以為你賺入一千六百美元，換言之，你花兩萬美元買車，其實等於是花了你兩萬一千六百美元。不過，這還是第一年而已，而且你每年都得要承受這樣的機會成本損失。你持有這輛車的時間可能會是十年，也就是說一千六百美元乘以十：一萬六千美元，現在你這輛車的成本已經飆升到三萬六千美元。

不過，這樣算還真的是客氣了。我們甚至還沒有納入那每年一千六百元所能賺得的錢，還有那些孳息可能再賺到的收益，而且還要繼續以此類推下去。

要是這些都還不足以讓你崩潰的話，那請你要記得，這兩萬美金就是永遠消失了，而每年損失的一千六百美元則是年復一年，永無止息。最後，這成了一輛貴得要死的車。

你可能聽過「複利的魔力」。簡而言之，它的概念就是你省下的錢可以賺到利息，而那筆利息自己也可以生息。你靠著越來越龐大的一筆錢不斷利滾利，就會引發雪球效應。雪球一開始很小，不過，它一路滾下去，不久之後的體積就會相當可觀，真是美妙。

各位要好好思考一下機會成本，還有它的邪惡孿生兄弟。

財務自由的好處之一，就是自然而然擁有足夠的金錢，讓複利的力量超過了你花費金額的機會成本。等到你擁有自己的「X我不幹了的專戶」之後，你只需要確保自己一直重新投資、超越通膨，而且讓自己的花費不要超過自己的儲金提供的金額。

要是各位還沒有達到財務自由的階段，而且認為這是個引人注目的目標，那麼你可以透過機會成本的稜鏡、好好檢視自己的花費。

第三階段：要如何思考自己的投資

華倫‧巴菲特最為人津津樂道的名言如下：

● 第一條：永遠不要賠錢。
● 第二條：永遠不要忘了第一條規則。

可惜的是，太多人只看到這句話的表面意義，逕自認為巴菲特先生找到了某種進出股市神奇之道，可以避開必然會出現的下跌波段。這並非實情，其實，他還曾經正式對企圖耍這一招的蠢蛋說過這一段話：「上個世紀道瓊指數一開始是六十六點，最後是以一萬一千四百點收場。在這樣的一段時間之中，你怎麼可能會賠錢？許多人之所以會造成損失，都是因為他們想要進進出出。」

其實，在二○○八到二○○九年的崩盤時期，巴菲特「損失」了約兩百五十億美元，害他的資產從六百二十億美元縮水為三百七十億美元。（聽到他還剩下三百七十億美元，成了我那一陣子與朋友打屁時惹毛大家的主因，只要我冒出「天！我真希望自己有那個能耐可以賠兩百五十億美元！」就會引發眾人不爽。）

巴菲特和我們這些人一樣，沒有辦法擇時進入股市，其實，這是蠢蛋才會幹的事，他根本不會這樣。

但巴菲特與其他人不一樣，他不會驚慌拋售。他知道這類

事件本來就在預期之中。其實，他會在暴跌所提供的新機會到來之際，繼續投資。當股市一如往常恢復榮景的時候，他的財富也跟著回來了。只要是堅持下去的人，財富都會回歸，所以我剛才才會在「損失」一詞加了引號。

巴菲特先生是以持有企業的角度討論他的投資標的。有時候是部分持有——以股權的方式——有時候則是100%持有。當他的某間企業股價下跌的時候，他內心深處知道他依然持有那間企業的同等數值。只要這家公司體質健全，它的股價波動根本無足輕重。它們會在短期起起伏伏，但良好企業會一直賺入實實在在的錢，靠著這個方式，它們的市值會隨著時間而不斷推升。

我們也可以靠著同樣的方式思考。好，我們可以再次利用先鋒領航的整體股市指數型基金探索這個概念。

假設你昨天說：「嗯，持有先鋒領航的整體股市指數型基金，我覺得很合理，我打算要買一點。」既然說了那樣的話，你就寄給先鋒領航一張一萬美金的支票。

昨天先鋒領航的整體股市指數型基金的收盤淨值是五十三點六七美元，你的一萬美元可以為你買入一百八十六點三二三八三○八的單位。

要是先鋒領航的整體股市指數型基金的價格在一週後的單位淨值是五十六美元，那麼你可能會說：「嗯，我的一萬美金現在成了一萬零四百三十四美金。耶，柯林斯先生果然厲害。」

不過，要是一週後的單位淨值是五十二美元，你可能會說：「靠！我的一萬美金現在成了九千六百八十九美元。那個柯林斯真廢！」

　　那是一般投資人看待自己投資的典型方式。因為一張張小紙，或者，在這個時代的更準確說法是，小小的位元數字出現了市值的漲漲跌跌。要是真有這樣的起伏，那麼隨便哪天的下跌都會非常、非常可怕。

　　不過，還是有更好、更精確，而且獲利更豐厚的方式，我們先花一點時間了解你到底持有的是什麼。

　　無論是每單位五十六美元或是五十二美元，你還是持有相同的先鋒領航的整體股市指數型基金一百八十六點三二三八三〇八的單位。換言之，你持有的虛擬股分來自於全美上市公司——根據我最近一次查看的資料，大約是三千七百家。

　　等到你真正明白這一點後，你就會恍然大悟，持有先鋒領航的整體股市指數型基金，也就是努力要把自己的財務未來寄託在位居全球最富強最具有影響力國家之中，同樣廣大多樣的各大企業族群。這些公司裡充滿了辛勤工作的員工，一心想要在這個充滿變動的世界中創造榮景，而且還得面對處理這樣的環境所引發的各種不確定性。

　　某些公司會破產，完全失去他們的市值。其實，他們也不需要走到那一步才會下市，光是下跌到某個規模或是所謂的「市值」以下就夠了。

　　當那些公司退場之後，取而代之的是更新、更重要的企

業。有些將會以驚人方式爆發，成長率是百分之兩百、百分之三百、百分之一千、百分之一萬甚至更多，完全沒有上限。某些燦星失去光芒，但永遠會有新星升起。這就是大盤指數的成功要件——延伸到先鋒領航的整體股市指數型基金亦是如此——被我稱之為「自我淨化」的功能。

要是我想要尋找絕對可靠（這與大多數人誤以為安全的平穩理財之路是截然不同的概念）的方式，我會把百分之百的金額押在先鋒領航的整體股市指數型基金，只會花費它產生的百分之二的股利。

沒有什麼能夠100%穩當，但我想不出有比這更可靠的方法。

我們生活在一個複雜的世界，而探索它的最強大利器就是金錢，學習如何運用是必備基本功。這一切的起點就是要學習如何思考它，只要開始，永不嫌遲。

哦，麻煩哪位人士送這本書給拳王泰森，現在對他來說也不算太遲。

第5章

投資狂飆牛市（或是熊市）

在二〇一五年一月，標普五百指數從二〇〇九年三月六百七十七左右的低點，猛然站上了二〇五九點，這就完全符合了狂飆牛市的定義。無論你是考慮加碼投入一筆新資金，還是想要賣出然後觀望一陣子，類似這樣的時刻都是試煉你核心投資原則與信仰的機會。

以下是我的一些想法：

- 反正就是不可能擇時進場，不管消費者新聞商業頻道的那些備受推崇大師，或是自稱有這種能耐的人士到底怎麼說都一樣。
- 股市一直是建立財富的最猛利器。
- 股市永遠會上漲，而且漲勢又急又猛。
- 由於我們無法預測這些波動，所以我們必須要強化心理層次，才能安度難關。
- 我希望我的錢能夠盡量努力生錢，而且越快越好。

對於新手投資人來說，實在很難不會去回顧過去股市的波動，心想：「要是怎樣怎樣就好了！」要是我能夠在高點賣

出，要是我能夠在低點買進，但盼望也不可能讓此成真。

由於我在二○一一年創立了www.jlcollinsnh.com，當時正好遇到股市脫離可怕熊市股災、進入狂飆牛市的時期之一，我經常遇到類似底下的問題與焦慮：

- 「股市看起來即將崩盤，現在是投資的適當時機嗎？」
- 「……許多人似乎都覺得股市即將暴跌。」
- 「我覺得自己現在進場時機不對。」
- 「我擔心這個時候開始投資，過沒多久之後股市就跌了……」
- 「我因為害怕而裹足不前了好幾個月之久，但我覺得正因為自己躊躇而落居下風。」
- 「我只想要挑好的進場點，避開不佳時機。」
- 「也許我應該等到暴跌出現之後再說，以免損失一大筆錢。」
- 「我是不是應該先觀望，等到暴跌之後再好好大賺一筆？」
- 「我真的很害怕，畢竟我是股市新手……」

要是股市正好進入了週期性的熊市，而這些問題就會一再重複，而大家的心理糾葛幾乎一樣：

- 「我是不是應該等到股市落底之後再進場投資？」

這都與驅策投資者的兩大情緒有關：恐懼以及貪婪。我們可以完全理解恐懼，沒有人想要賠錢。不過，在你成為股市大師之前，這種恐懼將會成為你財富的致命傷，害你對投資裹足不前。等到你開始投資之後，它將會害你在每次股市下跌的時候驚慌出場。而下跌——在不斷爬升的歷程中會持續出現——鐵定會引發恐慌。恐懼的詛咒是會害你陷入恐慌，在應該繼續持有時卻殺出的惡力。股市充滿波動，暴跌、拉回、修正當然絕對正常。這一切都不會是世界末日，甚至也不會是股市持續漲勢的終點。它們都一樣，每一次，都會是這段歷程中的一部分。

　　正如同我們之後在第二部所討論的內容，一定會出現股市暴跌，而且之後還會有，這無可避免。在你投資的數十年歲月之中，也會發生數不清的規模較小的修正與拉回。學習與這樣的現實共存，是長期投資致勝的關鍵。而成功投資當然是要看長期，任何短期投資都是臆測。

　　所以，要是我們知道股市即將暴跌，何不等待一下再進場？或者，要是現在有投資部位，何不先賣一下，等到下跌之後再買回來？答案很簡單，因為我們不知道什麼時候會出現暴跌、什麼時候結束，沒有人知道。不相信我嗎？你覺得自己辦得到？

　　你可能聽過很多人認為股市即將下跌。的確，但也有許多人說我們是在這段漲升的起點，我們永遠不會看到標普出現這樣的低點。每一天，都有備受推崇的大師預測會出現下跌，值

此同時，也有同等分量的專家預測會上漲。誰說的對？真是考倒我了。雙方都在預測將來，而沒有人可以做出可靠研判。

所以為什麼還會出現這些預測？因為漲跌就是這麼令人興奮！要是說中了，就可以獲得自己在華爾街／電視節目的名聲！預測股市等於是收視率保證，尤其出現兩極預測時更是如此。預測道瓊漲升到兩萬五千點或是暴跌到五千點，眾人就會精神大振。反正，對於那些大師與有線電視節目來說，靠著這一招就可以賺大錢。

不過，對於認真的投資者來說，這些都是無用的干擾雜音。更可怕的是，要是你關注這種資訊，將會對你的財富造成損害，還有你的理智。

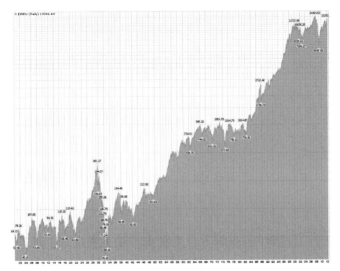

道瓊工業平均指數 1900-2012
來源：www.stockcharts.com

歷史有助釐清事實，但只有放大到規模極限才看得出來。各位從上圖中可以發現股市總是上揚。基於充分的理由，所以我可以這麼說──幾乎是100%的肯定──自此之後的二十年，股市表現一定會優於今日。我甚至可以擺出更自信的態度告訴你之後的那十年還會繼續漲升，一百二十年的股市歷史證實了這一點。

　　不過，這完全無法說明接下來那幾天、那幾個禮拜、那幾個月，甚至那幾年的走勢。

　　這就是癥結點，我們就是沒有辦法知道自己身處在哪一個時點。

　　我們再看一下那張走勢圖。二○○二年一月股市處於高峰，然後又跌掉了幾乎一半的市值，我們是否現在可能正好位處於當時的某一點？或者，位於那段歷史重演的二○○七年七月的某一時點？當然，現在以回溯的方式看出那種模式當然很容易。

　　或者，這種模式已經過了，而我們發現自己現在所處的階段比較像是股市突破了一千點或兩千點或三千點或四千點或五千點的那種時刻？每每過了之後就成為如煙過往、再也不會看到的那種階段？你還真的是考倒我了。

　　我們所知道的是，每一次突破這種里程碑的時候，就像是現在，大家就會100%相信股市衝過了頭，準備要下跌。

　　根據那種說法，我們就假設現在標普五百的二○一二點已經在高峰，馬上就會下跌，也許是什麼神奇基因向我們透露了

這樣的訊息。

顯然我們會賣出（或者至少不會買進）。但現在該怎麼辦？我們想要的報酬，只有股市才能給予那樣的收益。所以我們可以想要在某個時點再進場，不過要選在何時呢？是否在修正幅度達10％的時候？如果是這樣的話，那我們就等到一千八百九十二點左右的時候買進。

萬一出現20％的跌幅？也就是熊市的正式定義呢？那我們就會等到一千六百八十二點才會想要買進。

不過，萬一我們這麼做之後，結果卻出現了暴跌！！靠！遇到這種狀況的時候，我們就必須等到它一路下跌到一千兩百點左右。當我們真正需要那個討人厭的基因的時候，它跑到哪裡去了？

重點來了，你玩這種股市擇時遊戲，就算神準一次也沒用，你必須中兩次：首先，你必須要確定高點，然後要確定低點，而且還必須重複操作。這世界上充滿了第一次答對，然而當股市復甦跨越歷史新高時卻坐在旁邊乾瞪眼的悲傷投資人。

長時間看來，擇時進入股市是一種絕無勝算的遊戲。我為什麼這麼確定？很簡單：

要是哪個人能夠穩定使出這一招，

財富絕對遠遠超過華倫・巴菲特，

而且受到的關注一定是他的兩倍。

還有比這個更會賺錢的本領嗎？沒有，我是說真的完全沒有，所以它才會這麼誘人。所以大師們才會一直宣稱自己辦得到，雖然只是稍微沾到一點邊而已。真的，沒有人能夠辦得到，不可能持續提供獲利建議。相信聖誕老公公還比較賺錢，繁殖獨角獸也比較有機會獲利。

　　不過，不能擇時進入股市，我並不在意。我們可以靠著接下來的實例進行說明，如果我換作是你的話，到底在意的是什麼。

　　我們先假設你三十歲，眼前還有六十或七十年的投資歲月。我會研究剛才那張走勢圖，發現道瓊六十年前的指數在兩百五十點。而到了二〇一五年一月的時候，大約是一萬七千八百二十三點，整整歷經了六十年的暴風雨金融災難，就像是接下來的那六十年當中也必然出現的現象一樣。

　　或者，只要審視過去這二十年以及標普五百指數就好，在一九九五年一月，它大約是五百點，到了二〇一五年一月的時候，它到達了兩千零五十九點。然後，中間還包括了二〇〇〇年到二〇〇九年這個區間，也就是股市最慘烈的時期之一，因為僅次於大蕭條的一場崩跌而遭到重挫。

　　我們可以在這裡找到真正的奇蹟，透過時間的累積，股市建立財富的力量總是會令人倒抽一口氣。

　　而漫漫投資之路亦是如此。無論你是現在投資，抑或是將來的某個時候進場，我可以向你保證，在未來的那六十年當中，你的財富腰斬的次數絕對不止一次，而且還會遭遇其他的

挫折。這一點也不好玩——但這就是歷程——這是你與其他人享受利益所必須付出的代價。

如此一來，問題就不是「我應該在這時候入市投資嗎？」反而應該要問的是：

「到底該不該把資金投入股市？」

在你能夠坦然面對上述的殘酷事實之前，答案就是不該；在你完全確認可以眼睜睜看著自己的資產砍半、卻依然堅定不移之前，答案就是不該；在你可以坦然面對自己尋求的報酬所伴隨而來的風險之前，答案就是不該。

到了最後，也只有你自己可以做出決定。

所幸，投資未必是極端的二元命題。如果你願意放棄一點績效，那麼還是有方法可以稍微不要那麼心驚膽跳，可以靠資產配置予以處理，我們會在第14章進行討論。

備註：

當我們在這一章提到股市表現的時候，你可能會注意到我在提到指數的時候來回使用道瓊與標普。我個人偏好標普，因為它的範圍更廣泛，因此準確度也稍微高一點。不過，要是為了觀察長期表現，道瓊可以回溯的過往時間比較久，比較有用（也比較容易取得）。如果你把它們的長期走勢圖疊在一起的話，可以看出雙軌具有明顯的一致性，所以就我們的研究目的而言，此一特徵也讓這兩者毫無差別。

要如何駕馭全世界
累積財富的最佳利器

「簡單是一切純正優雅的關鍵。」

——可可‧香奈兒

第6章

股市大跌即將到來！！！
就連著名經濟學家也救不了你

　　幾年前的某一天，我發現自己剛看完某本暢銷財經雜誌的文章之後，變得有一點不耐，其實光看了這本雜誌，就已經讓我很不耐煩。

　　這一篇文章的重點是訪問某位知名經濟學家兼財金教授，他在同樣知名與聲譽卓著的大學任教，此外，還有這位優秀教授讓人眼睛一亮的數張照片，看起來神色嚴肅，氣場驚人。

　　在這趟財經之旅第二部的開場段落，我要把他所說的某些話告訴各位，還有他為什麼搞錯了。那是各位在本書之外會遇到的典型「一般常識」，在後續的篇章裡，我們會進一步討論某些關鍵主題，一起探索。

　　哦，那一場即將爆發的股市大跌呢？別擔心，我也會告訴大家為什麼不重要。

　　首先，要先為這位知名的經濟學家講句公道話，對於他大多數的觀點，我都沒有意見。我懷疑可能是雜誌裡的那些優秀員工沒有處理好，也許他們純粹就是沒有放對重點，也許哪一天這位經濟學家會與我喝咖啡聊到這件事的時候暢懷大笑，也許沒這個可能。

教授在那篇專訪中提出主張，大家長期抱持的有效股市的理論——也就是說現在的股價幾乎立刻吸納與反映所有相關資訊——正逐漸轉化為他所稱之的「適應性股市假說」。這個概念指的是由於出現交易新科技、股市變得越來越快速，而且波動性也越來越大，也就意味著風險越來越高。這倒是真的，截至目前為止的說法也還算可以。

不過，他接下來表示這等於「買進持有投資再也沒有用了」。雜誌訪問者隨後指出，就連在二〇〇〇年時的「失落之十年」，靠著股市投資的買進持有策略，也還是有4%的報酬率，他真是幹得好啊。

而教授的回應是這樣的：「你要想一想大家是怎麼賺到那4%的。他損失了30%，看到了一次巨大反彈啊什麼的，然後報酬的複利率……是4%。不過大部分的投資者並不會等到塵埃落定。在一開始損失25%的時候，很可能就已經開始降低持股，而且會等到股市稍微有了起色之後才會部分回流，這是人性。」

靠，等等啊！正確的前提，錯誤的結論，我們等一下就會回來討論這一點。

雜誌：「所以還有什麼其他選擇？」
教授：「我們正處在這個產業尚未發展出良好替代方案的尷尬時期。你的最佳對策就是持有成本相對低廉的多樣化共同基金，在合理範圍內控制波動。你應該

要分散的不只是股票與債券，而是要擴散到投資機會的完整光譜：股票、債券、外幣、大宗商品，而且要兼顧國內與國外。」

雜誌：「政府能否出手避免這些危機？」

教授：「金融危機無可避免。」

在這篇文章的網路留言中，某位名叫派翠克的讀者直接抓出了漏洞：「所以，股市基本上是有效的，但無效的時候就沒辦法了。還有，買進持有不管用，因為大多數的人在時機不對的時候就不會堅守這一點。好，很睿智啦，但這是新聞嗎？」派翠克，該給你一顆獎賞金星。

更糟糕的是，教授建議要持有「投資機會的完整光譜」。面對他所暗指的「適應性股市假說」的嶄新投資世界，這就是他的解方？

我們姑且接受這位教授的前提，股市波動變得越來越劇烈，而且很可能以後都是如此。我不知道自己是否該相信這種說法，不過沒關係，他是聲譽卓著的經濟學家。我們也可以認同典型投資人會容易恐慌，做出糟糕決定，尤其是當每一個有線電視新聞大師在窗口排隊打算往下跳的時候更是如此。我們當然也認同金融危機無可避免，而且日後還有更多會撲來。

所以最重要的問題是：我們面對的最佳策略是什麼？

這位教授（還有許多類似他的人）是這麼說的：

對症下藥。

他默默承認了那種包山包海資產配置的普遍性謬傳。他叫我們一切都要投資，然後期盼其中幾個可以收效。要搞定這個需要下很多功夫。你需要了解這些五花八門的資產類別，決定各種類別所佔的百分比，然後決定要以什麼方式持有。等到你完成之後，還需要保持追蹤，如有需要，還必須要再平衡。

而這一切的努力成果，只能夠保證低於標準的長期績效，而增加安全感的希望卻依然渺茫。我想到了那句名言：「那些想要以自由換取安穩的人，都不配擁有這兩者。」我要說：

強化自己的心頭好標的，矯正自己的不當行為。

也就是說，你必須認清引發糟糕投資決策的反效果心理狀態——比方說恐慌賣出——然後進行自我修正。靠著這個方法，你的投資會變得更加簡單，成果也會更優異。

一開始，你必須要了解有關股市的二三事：

1. 股市下跌是預料中事。

二〇〇八年的事件絕非前所未見，以前就發生過，而且未來還是會出現，不斷發生。在我投資的這四十多年當中，我們曾經經歷過這些狀況：

- 一九七四到一九七五年的大衰退。
- 一九七〇年代末期到八〇年代早期的嚴重通膨。還記得「現在就打敗通膨」（WIN, Whip Inflation Now）圓形徽章的人麻煩舉個手。當時的房貸利率被推升到20%，而且還可以買到付息年利率15%以上的十年期公債。
- 現在看來臭名遠揚的一九七九年《商業周刊》封面：「股權之死」，沒想到這反而揭櫫史上最大牛市的到來。
- 一九八七年股市大跌，包括了黑色星期一，史上單日最大跌幅。真的是一堆交易員站在窗口，好幾個人的確跳樓。
- 九〇年代早期的經濟衰退。
- 九〇年代末期的科技股暴跌。
- 九一一事件。
- 還有二〇〇八年的小小騷動。

2. 股市永遠會復甦，永遠不變。而且，要是哪一天真的無法恢復，那麼也沒有任何投資是安全的了，而這種金融之類的事反正也不重要了。

　　在一九七四年，道瓊收盤指數是六百一十六點[5]，而二〇一四年底是一萬七千八百二十三點[6]。在過去這四十年當中（一九七五年一月到二〇一五年一月），它不斷成長，加上股

5　*** http://www.mdleasing.com/djia-close.htm

6　*** http://www.mdleasing.com/djia-close.htm

息再投資的年化報酬率是11.9%[7]。要是你當初投資了一千美金，放任它飆漲，在二〇一五年初的時候就會成為八萬九千七百九十美元[8]，歷經上述那些災難之後，這樣的成果的確令人驚豔。

而你所需要的就是強化意志，任它順勢而行。你先靜心下來，稍作沉澱。

當股市走俏的時候，大家都會賺錢。但決定股市是會讓你致富抑或是害你在路邊流血的關鍵，其實是你在遇到下跌時會採取什麼舉動。

3. 股市永遠會上漲，永遠不變。我想從來沒有人告訴過你這一點，但這千真萬確。各位要明白這並非意味一路順行，並非如此，通常是一條凶險崎嶇之路。

不過，它永遠會上漲，我的意思是永遠不變。並非每年如此，也不是每個月，每個禮拜，當然更不可能是每天。不過，你先等一等，看一下前一章的股市走勢圖。雖然股災接二連三，但它的趨勢就是不斷上漲。

4. 股市是績效最好的長時間投資類別，絕無例外。

---

7 * http://dqydj.net/sp-500-return-calculator/（使用：股息再投資／忽略通膨）
8 ** https://dqydj.com/sp-500-periodic-reinvestment-calculator-dividends/（按下「顯示進一步選項」頁籤，在「忽略稅負」與「忽略費用」項目打勾。）

5. 在接下來的十年、二十年、三十年、四十年、五十年之中，還會出現與過往一樣多的大跌、衰退，以及股災。誠如那位優秀教授所言，這是無可避免的。每每遇到這種時候，你的投資就會遭到重挫，每一次都會害人嚇得半死，每一次都有屬害傢伙叫喊：賣出！每一次只有少數具有足夠膽識者能夠堅守而致富。

6. 所以你必須要堅強，學習對雜音置之不理，度過暴風雨，一路前行之際要持續加碼。

7. 想要堅強挺立走下去，必須要知道這類惡劣狀況一定會到來——不只是智識面，也包括了情感層次，你需要打從心底明白這一點。它們終將出現，會讓你傷得很重，但這就像是冬日暴風雪一樣，永遠不要詫異。而且，除非你會陷入驚慌，否則根本不重要。

8. 股市馬上就會出現大崩盤！！而且之後還會有！！真是買入的大好機會。

　　我告訴我二十四歲的女兒，在她長達六十到七十多年的投資人歲月之中，大約每隔二十五年會看到一次二〇〇八年那種等級的金融危機，她會遇到兩三次這類的經濟性「世界末日」，真的，你也一樣，而較小幅度的下跌更是所在多有。

重點是，它們從來就不是世界末日，是整個歷程中的一部分，應運而生的一切恐慌亦然。別擔心，世界不會在我們注目之下步入終點，是我們的傲慢誤以為會出現世界末日。

當然，在同樣的一段時間當中，她也會見證到好幾次的嚴重牛市。有些是失去理性的狂飆，也會出現應運而生的狂喜。

出現那些狀況的時候，金融媒體將會展現出宣稱終點已經到來時的同等自信、昭告天下「這次不一樣」，但他們又搞錯了。

在接下來的這幾章當中，我們將會討論股市為什麼總是上漲，我也會告訴各位，在人生的不同階段到底應該要如何進行投資，致富，並且維持不墜。你一定無法置信這有多麼簡單，不過，你必須要永遠保持堅強的心志。

第 7 章
股市永遠上漲

　　一九八七年，某個後來被稱之為「黑色星期一」的那一日，我在超繁忙一日結束之際打電話給我的交易員。提醒一下諸位，那個時代還有交易員，也就是在手機、個人電腦、網路、線上交易出現之前的黑暗年代。

　　「嗨，鮑伯，」我語氣雀躍，「都還好嗎？」

　　一陣長長的沉默，「你在開玩笑吧？」他說道，「對吧？」他的語氣充滿恐懼。

　　「開什麼事的玩笑？」

　　「吉姆，我們今天遇到史上最大崩盤。客人們對我鬼叫了一整天，大家都在恐慌，股市跌了五百多點，跌幅超過了百分之二十二。」

　　就在那個時候，我也加入了全球其他驚呆民眾的行列。實在很難形容那種感覺，

　　就連在大蕭條時代也沒有出現過這樣的日子，而且自此之後也沒有。真的，宛若金融界末日已經到來。

　　大約在一個禮拜之後，《時代》雜誌發表了頭條專題報導，封面的斗大字體作出以下宣告：

崩跌

華爾街狂亂一週過後，世界變得大不相同

當然，內文是通篇錯誤。股市下跌，就像是類似這樣的大跌也是歷程中正常的一部分。

我與其他見多識廣的投資者一樣，也知道股市具有波動性。我很清楚在它不斷推升的過程中，很可能、其實一定會出現劇烈下跌、修正，而且還有熊市。我知道最佳途徑就是抱牢持股，不要恐慌，但這個狀況呢？根本是截然不同的參照座標。

我繼續緊抱了三、四個月。股票持續下探。我知道這實屬正常，但很不幸的是，這只是理智面的認知。我學得還不夠透徹，沒有讓它深植心中。終於，我失去了勇氣，殺出。

我就是不夠堅強。我賣出的那一天，就算不是在最低點，但也已經相當接近，反正也無所謂了。然後，果然不出所料，一如往常，股市再度漲升，銳不可擋，股市總是如此。

我花了約一年左右的時間才重新鼓起勇氣，再次進入股市。到了那個時候，它已經超過了在那個黑色星期一之前的高點。我好不容易才決定停損，最後卻又加價才回到桌前。很昂貴，也很蠢，是一場勇氣的難堪失策，我就是不夠堅強。

但我現在充滿了韌性。我在八七年的錯誤教導我要如何度過日後持續湧來的暴風雨，包括了二〇〇八年的第五級金融風暴。它教導我要堅強，最後終於為我賺到了一大筆錢，遠超過了那筆公認超昂貴的教育費。

誠如我某位部落格讀者的評語：「我們堅持下去[9]，旁邊配有一道恐慌小菜。」

很精采的金句，而堅持下去一定會配有恐慌小菜，所以你一定要堅定。

再看一次我們的歷史股市走勢圖：

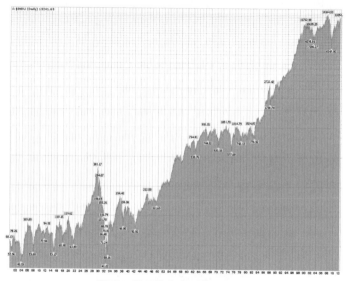

道瓊工業平均指數 1900-2012
來源：www.stockcharts.com

你找得出一九八七年的亮點嗎？就在那裡，很容易就看到了。但是在這樣的脈絡中，看起來沒那麼可怕。花一點時間，消化沉澱這個走勢圖，你一定會注意到三件事：

9　stayed the course，course亦有主菜的意思。

1. 股災接連不斷，而股市一定會隨著時間推移而漲得越來越高。

2. 這一路會走得狂亂。

3. 有可怕重大事件。

我們先說好消息吧，之後再對付剩下的部分。

想要了解股市為什麼總是持續上揚，我們必須稍微仔細研究一下股市到底是什麼。

可公開交易股票的公司，就是發行可供個人或機構購買之股票的公司。當你買了某間公司的股票，就持有了那家企業的一部分，而這些所有可公開交易股票的公司就構成了股市。

上頭那張走勢圖所呈現的是DJIA（道瓊工業平均指數）。我們之所以看道瓊工業平均指數，是因為能夠回溯整個股市如此久遠的代表股票族群，也就只有它而已。話說一八九六年的時候，有個名叫查爾斯・道瓊的人，在重要美國企業之中挑了十二檔股票，創立了自己的指數。時至今日，道瓊工業平均指數的組合成分包括了三十家大型美國企業。

不過，我們先跳開道瓊工業平均指數，我會介紹它，全是因為它可以通透悠久歷史，現在把焦點放在更有用、更廣泛的指數：芝加哥大學有價證券價格研究中心之美國全股市指數。

千萬不要被那種聽起來很高科技感的名稱嚇到了。我們這裡的目標，只需要讓你明白那其實是美國每一家上市公司的指

數就夠了。更重要的是，那是先鋒領航集團目前拿來建立整體股市指數型基金（VTSAX）模組的指數。透過精心設計，兩者幾乎完全一樣。由於我們可以投資整體股市指數型基金，接下來我會把它當成整個股市的代表。根據我上次查的數字，整體股市指數型基金持有約三千七百家企業，當然這會有變動。也就是說，要是買了整體股市指數型基金，就等於持有這些企業的一部分。

在一九七六年的時候，先鋒領航集團創辦人約翰·柏格推出全世界第一個指數型基金。它追蹤標普，讓投資人可以利用單一的低成本基金投資全美最大的五百間左右的企業，它立刻成了搭乘股市不斷上漲走勢順風車的唯一最佳利器。

然後，到了一九九二年，先鋒領航創設了整體股市指數型基金，投資人可以持有這一檔不只擁有全美前五百大企業，而是真正涵蓋全美股票股市的單一基金。

現在我們先趕緊解釋一下某個可能會造成混淆的東西。先鋒領航的整體股市指數型基金：包括了VTSAX、VTSMX、VTI，還有其他好幾個。我們之後會再討論原因以及其間差異。不過，重點是要了解它們都是依照芝加哥大學有價證券價格研究中心指數所建立的投資組合。最重要的是，它們都一樣，VTSAX被大家稱之為「海軍上將」版本，我個人購買的是這一個，所以我在本書中就以此為本。

所以我們現在已經知道股市的真貌，也可以從走勢圖看出

它一直在成長。我們思考一下：怎麼會這樣呢？這有兩大基本原因：

1. 股市具有自我淨化的功能

　　大家先看一下道瓊工業平均指數裡的三十大上市公司，猜猜看一開始的十二大還有多少在裡面？只有一家：通用。其實，道瓊先生當初那一份列表裡的上市公司，現在幾乎都已經不存在了，大部分的元老已經消失了，或者是轉化為新的企業。重點是這個：股市不會停滯不前。公司消失、被新血輪取代是常態。

　　而整體股市指數型基金亦是如此。它幾乎持有美國股市的每一家上市公司，現在，想像一下這所有三千七百家的年度股市表現在某個古典鐘形曲線分布的樣貌。

　　在最左邊的那些少數公司績效最差，而最右邊的表現最為優異，兩者之間的則是表現各異的其他企業。

　　最慘的股市表現會是什麼？它可能會喪失100%的市值，股價直落為零。然後，當然是永遠消失，就此無消無息。

一般的鐘形曲線圖表

現在，讓我們思考一下曲線的右側。最佳的股市表現會是什麼？100%的投報率？當然有其可能。而200%、300%、1000%、10000%以上也有可能，沒有上限，最後的結果是一種驚人的向上偏誤。

我們也可以用這種方式模擬整體股市指數型基金之內的所有三千七百家股票，我們也會發現某些燦星消失，新公司上市、成長茁壯、上市發行股票。這種以新公司汰換凋零以及垂死企業的過程，造就出股市（整體股市指數型基金可為其代表）的自我淨化功能。

不過，各位要注意，這只適用於廣基型指數型基金。一旦「專業管理」準備打算打敗系統，結果就很難說了。他們可能會讓狀況變得更糟糕，大部分都是這種下場，而且他們幹出這種事居然還要收更多的錢，我們之後會在後面篇章詳細解釋。

2. 持有股票，等於持有了生龍活虎的各大企業的一部分，每一間都拚命想要達到成功。

想要領悟股市為什麼會持續不斷上漲，就必須了解我們持有整體股市指數型基金的真義。我們所持有的——差不多就算是——全美上市公司的一部分。

股票不只是小小的交易證明紀錄而已。當你持有了股票，就持有了某間企業的一部分。這些公司都充滿了為求擴張與服務客戶群而拚命工作的員工，他們會在那種對於達成目標者

給予獎賞、達不到的人就予以拋棄的無情環境中彼此競爭。就是這種強烈的動能，造成股市與代表的各大公司成為史上最強大、最成功的投資類別。

好，我們現在擁有了這個厲害的財富累積工具，可以不斷向前挺進，但是——這是一個非常重要的「但是」——會害許多人真的在股市賠錢，因為，哇，真的是一趟狂亂不安的歷程。而且，還有可怕重大事件，我們會在後續討論。

第 8 章

為什麼大多數的人都會在股市裡賠錢

在前一章當中,我讓各位看到股市與其建立財富潛能的美好前景。我寫下的一切都是真的,不過,以下這一點也是真的:

大多數的人在股市裡都賠錢。

1. 我們以為自己可以擇時進入股市。

在高點出場、在低點進場,雖然聽起來十分誘人,但這幾乎是不可能的任務。其實,我們經常追高殺低,遇到困局時就陷入恐慌,在股市狂飆的時候買進。

這一點適用在所有人身上,人性就是這麼根深蒂固。在過去二十多年當中,出現一堆探討投資人心理學的學術報告,結果不是很妙,就心理層次來看,我們難以在波動股市中獲利。這種研究的細節不在本書範圍之內,但重要的是,需要意志、覺知,以及努力才能夠明白與接受,之後才能改變這種負面的行為態度。

必須嚴肅看待的真相來了：絕大部分的共同基金投資者得到的利潤根本不及基金所得到與公告的數字。先消化一下這有趣的資訊，怎麼會這樣？我們的心理學就是這樣，我們忍不住就是會想要「擇時」，想要進出股市，但幾乎總是挑錯時機。

2. 我們以為自己可以挑選個股。

你沒有辦法挑到致勝的股票。不要沮喪，我也不行，金融界的大多數專業人士也沒辦法。這種能力非常罕見，所以這就是少數貌似有這種能耐的人會變得如此有名的關鍵原因。

哦，當然，我們偶爾會找到，天，當它開始漲升的時候，真叫人頭暈目眩，不可思議地誘人。抓出一檔飆股是一種會上癮的強烈快感，媒體充滿了餵養這種迷惑的「致勝」策略。

對於這種引誘，我也無法免疫。話說二〇一一年的時候，我覺得自己抓到了某個趨勢，果然在四個月的時間當中、我所選的那五支股票漲了19%（哎，我依然還是會上癮），年化率幾乎是60%，而那年的股市一直在盤整。不是我在吹牛，那真的很強。但年復一年如此幾乎是不可能的任務。那次是狂飆沒錯，但想要靠此建立財富的基礎非常薄弱。

就算是每年能夠稍微勝出指數表現也是超難，只有少數幾名投資者能夠隨著時移而稍微超越它。能達成這樣的目標，讓他們成了超級巨星。難怪華倫‧巴菲特、麥可‧普萊斯、彼

得‧林區都是家喻戶曉的人物。所以我不會讓自己偶爾出現的斬獲沖昏了頭，我會讓指數型基金擔任我投資組合裡的重責大任。

3. 我們自以為可以挑出共同基金的贏家經理人。

積極管理股票共同基金（由專業經理人所管理的基金，與指數型基金相反），是一種高獲利的大型產業。對於經營的企業而言獲利可觀，但對投資人來說卻並非如此。

由於獲利如此豐厚，所以共同基金的數目其實比股票家數還多。根據二○一三年《美國新聞與世界報導》，全美約有四千六百個股權（股票）共同基金，還記得美國上市公司股票家數只有三千七百左右吧，你沒看錯。對，我也同感驚訝。

那篇文章後來提到每年約有7%的基金掛點。根據這樣的速度，在接下來的十年當中，將會有一半以上（四千六百多中的兩千三百七十四家）的基金倒閉。

投資公司握有這麼多岌岌可危的錢，所以永遠會一手推出新的基金，同時一手埋葬垂死掙扎的那些基金。金融媒體充滿了贏家經理人與基金的報導，而且也因為讓它們曝光而獲得豐厚進帳。我們看到了歷史資料的分析，經理人受訪，專門研究與評比基金、類似「晨星」之類的公司陸續冒了出來。

其實，有少數基金經理人可以打敗指數，在二○一三年的時候，先鋒領航曾經公布了這個主題的研究結果。他們針對一

九九八年當時的一千五百四十家股權分析，在接下來的十五年當中，只有55%的基金可以存活，而僅有18%的基金不但存活下來，而且表現還超越了指數。

有82%的基金表現不及沒有管理的指數，但100%的基金都會向客戶收取高額費用。

雖然我們可以清楚看到那些目前成功的基金，但也無法預測在那極少的18%的基金當中有哪一個可以繼續挺進下去。每一個基金的說明書裡面都有這一句話：「過去的成果不保證未來績效。」這是大家在整份文件中最常忽略的部分，但也是最精確的一句話。

其他學術研究則顯示，要是把時間繼續拉長，就連打敗指數的18%也是超樂觀的數據。在二〇一〇年二月的《財務金融學刊》當中，羅倫特·巴拉斯、奧利佛·史卡利特，以及羅斯·維爾梅爾斯教授，提出他們針對一九七六到二〇〇六年這三十年當中全美兩千零七十六個積極管理基金的研究結果。結論呢？只有0.6%的基金顯示具有打敗指數的技巧，或者，誠如這些研究學者所言，這種成績「……就統計學意義而言，與0沒有區別」。

他們並不孤單。加州大學戴維斯分校的布拉德·巴布爾還有加州大學柏克萊分校的泰倫斯·歐丁發現，僅有1%的積極型交易者的表現優於股市，而且，進出得越頻繁，績效就越差。

你可能會覺得奇怪，明明過往紀錄這麼差，怎麼會有這麼

多的基金公司，就算不是全部，也幾乎是絕大部分，都宣稱旗下基金表現優於股市。手中握有這麼多岌岌可危的錢，他們會使出自己的手段，自然也不足為奇。有的是直接刻意挑選有利他們數據的時段區間，還有的乾脆就是大肆利用那些已經掛點或是搖搖欲墜的基金。

共同基金公司總是一直推出新基金。隨便亂猜也可以知道某些績效會不錯，至少是能夠持續一段時間，並沒有悄悄終止，而且將資產混入某些表現更佳標的的那些基金。糟糕的基金人間蒸發，然後這些公司可以繼續宣稱它們旗下都是明星級基金，厲害。

靠著積極管理型基金可以搞出一大筆錢，反正千萬別當投資人就是了。

4. 我們專注於泡沫。

想像一下，你是在某個溫暖宜人的夏日午後看這本書。值得給自己一點犒賞，你打開了自己鍾愛的精釀啤酒，把它倒入提前冰鎮的玻璃杯裡面。

要是你以前曾經倒過啤酒，那麼你一定知道如果小心翼翼斜側倒入，那麼整杯幾乎都會是啤酒，只會在頂端出現一層薄薄的泡沫而已。要是倒得快，而且又朝中央直接倒進去，那麼就會產生幾乎都是泡沫、僅有一點啤酒的酒杯。

想像一下，現在有其他人為你倒啤酒，在你的視線之外，

倒入某個無法看透的暗面酒杯裡面。你無法知道到底有多少啤酒，又有多少泡沫，這就是股市。

好，股市其實是兩個有相關性、但非常截然不同的事物：

- 它是啤酒：可以讓我們持有其中一部分真正在運作的那些企業。
- 它是泡沫：瞬間產生劇烈起伏的交易紀錄。這是消費者新聞財經頻道的股市；這是每天股市報告的股市；這是市場人士把華爾街比為賭城時所提到的股市；這是每日、每週、每月、每年的波動性把一般投資人逼出場、把他們推向窗台的股市。這就是如果你聰明而且想要靠時間建立財富的話，絕對應該要置之不理的股市。

當你開始注意某檔特定股票的每日股價，其實很難判定到底有多少的泡沫。這就是為什麼某間公司可以在前一天一敗塗地，第二天又一飛沖天。難怪消費者新聞財經頻道會固定找專家來做專題報導，每一個都權威得令人生畏、他們信心滿滿預測股市接下來的走勢——然而卻總是彼此牴觸。就是這些交易者一直在彼此競爭，猜測杯中在特定時刻究竟有多少啤酒與多少泡沫。

雖然這可以造成強烈的戲劇與電視效果，但對我們而言，只有啤酒才是重點。啤酒才是真正在營運的金錢，讓所有泡沫底下的底層企業推升股市，隨著時間推進而漲升。

各位也要知道，媒體想要從這些評論家口中挖出的也只是戲劇效果而已。要是節目裡找了某個理性人士大談長期投資，不會有人坐在電視機前面死盯著不放。

　　不過，要是找到某人保證道瓊年底上兩萬點，或者，更棒的是，可能會在墜入地獄的邊緣搖搖晃晃，唉呀你就是收視率保證了！

　　不過就是有這麼多的泡沫、失誤，以及雜音。但對我們來說不要緊，我們感興趣的是啤酒！

第9章

可怕重大事件

　　目前我們已經明白股市是建立財富的不斷挺進利器。先鋒領航的整體股市指數型基金，VTSAX，是我們唯一需要使用的工具。

　　但我們也發現它波動極其劇烈，經常發生大跌，而大多數的人因為心理質素而賠錢。但是，要是我們堅強熬過風暴，對於我們的投資敏銳度表現一點謙遜，這會是通往致富的最安穩道路。

　　只不過⋯⋯

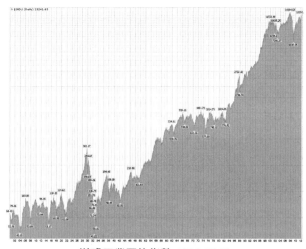

道瓊工業平均指數 1900-2012
來源：www.stockcharts.com

好，在一九二九年，出現了那場可怕重大事件。一切股災之母，也是大蕭條時代的起點。在那兩年的時間當中，股市從三百九十一點重跌到四十一點，一路損失了90%的市值。要是你運氣真的那麼不好、在高點介入的話，那麼你的投資組合要到一九五〇年中期才會全然回復，足足是二十六年之後。唉，足以讓最強悍的投資人也備受考驗。

　　要是你當時是以融資買進（也就是說，從你的股票營業員那裡借錢），在當時是再稀鬆平常不過的事，結果絕對是血本無歸，許多投機者都是如此，一夜之間財富全部蒸發，切記：永遠不要以融資買入股票。

　　所以該怎麼辦呢？會不會再發生一次可怕重大事件，對於「堅強熬過風暴」這個概念砸下一個大洞，讓它完全派不上用場？這個問題與你對風險的耐受度，以及你建立財富的欲望有關。有一些方法可以緩和風險，我們之後會再討論。

　　目前，我們先退後一步，思考有關可怕重大事件的幾個關鍵。

1. 投資者必須要超倒楣，才會必須承擔股災的100%傷害力道。你必須把所有的投資組合都押在一九二九年的高點。

　　　如果你介入的時機是在一九二六到二七年，那麼看一下我們的走勢圖，差不多是爬升到頂峰的一半位置。許多人都是在那時候進場。當然，他們的獲利註定是賠光了，不過，要是他們能夠堅持下去，十年之後，他們就可以重返獲利狀

態，不過，下一波痛苦期又即將到來。

　　假設你是在一九二〇年的前波高點買入，應該是馬上遭逢重擊，然後在五年之後回復；如果是在一九二九年的那一波股災，回復時點正好是一九三六年，一共七年。

　　重點是，在不同時點進場，會產生不同的結果，而且不會像大家所廣泛引用的那個數據一樣慘重，從最高點到最低點，損失高達九成。

2. 假設你剛畢業，在一九二九年步入職場，而且你屬於一直沒丟工作的那群幸運的75%，你將會有數十年的機會以便宜價格買入股票。諷刺的是，你剛開始步入投資生涯的時候，股市大跌是送給你的禮物，其實，只要股價有任何拉回，都是你在累積財富過程中的一大贈禮。如果你願意的話，它可以讓你以便宜價格購入更多股份。

3. 假設你在一九二九年退休，拿到了一百萬美元，到了一九三二年的時候，資產組合的總值縮水90%，成了十萬美元。當然，很可怕的一場重擊。

　　不過，各位也要記得，大蕭條是一起通貨緊縮事件，也就是說貨品與服務的價格隨著股市一起陡降，換言之，你的十萬美元，雖然已經不再是百萬美元了，但購買力卻遠遠超過崩跌之前的同等數字。而且，從這種低點準備噴發漲勢一定驚人。

4. 在過去的一百一十五年當中，這種可怕重大事件只發生過一次而已。其實，時間應該可以拉得更久才是，但道瓊工業平均指數還沒有那麼早出現。我們已經有八十六年不曾出現同等慘況，甚至有人認為靠著自一九二九年之後的管控，不太可能會重蹈覆轍。雖然這一點我們無法確定，但我們明白這些都是極為罕見的狀況。

5. 在二〇〇八年，我們到了地獄邊緣。我覺得危殆的程度早已超過了大多數人的認知，但我們並沒有摔下去，這一點我覺得很振奮。

　　不過，類似一九二九年的緊縮蕭條是可以大規模摧毀財富的兩大經濟災難之一，這一點就沒有那麼令人振奮了。

　　另外一個是「惡性通貨膨脹」。

　　好，打從一七七六年的獨立戰爭之後，我們在美國就不曾面對這種惡獸。不過，最近也有它在二〇〇八年摧毀辛巴威經濟的例子。一九四六年七月的時候，匈牙利出現了有史以來最可怕的通膨，在最嚴重的高峰期，通膨率是百分之四萬一千九百兆，還有，導致德國納粹在一九三〇年代掌權的重要原因之一，一九二〇年代的通膨。

　　惡性通貨膨脹是非常糟糕的消息——就與通縮的殺傷力一樣——而且，它就與字面意義一樣：完全失控的通膨。

對於經濟體而言，微通膨是一種相當健康的狀態。它可以擴張物價與薪資，潤滑經濟巨輪，使其運作順暢，是山雨欲來的通縮蕭條的解毒劑。

在通縮環境之中，會鼓勵大家決定延遲消費。要是你曾經在二〇〇九到二〇一三年之間考慮買新房，一定會注意到當時房價下跌，而且房貸利率也跟著一起下降。你覺得房價與利率還可能雙雙下跌，所以就繼續等待。要是有夠多的買家加入你的陣容，那麼需求就會跟著下跌，繼續下拉房價與利率。延遲有好處，而採取行動則會利益受損。要是出現太多這樣的狀況，市場就會成為價格不斷崩跌的致命螺旋。

不過，在通膨時代，你想要買的任何東西，到了明天價格一定會更高。你會動念在今天購買那棟房子（或是某輛車或設備、或是一條麵包），搶贏越來越高漲的物價。要是延遲的話就會利益受損，因為日後價格更高，而當下立刻採取行動則有好處。買家越來越積極，賣家則越來越遲疑。要是出現太多這樣的狀況，市場就會成為越來越多抱著滿手無用現金的人、迫不及待想要換取貨品的致命螺旋。

政府喜歡微通膨。他們可以為體系挹注一點錢，讓經濟保持活躍，卻不需要加稅或是撙節支出。其實，有時候它會被稱之為「隱藏稅負」，因為它侵蝕了我們貨幣的購買力。而且，它也可以讓類似政府的借貸人，能夠以「更便宜的美金」還錢給他們的債主。

關於我們的整體股市指數型基金建立財富策略（在接下的

那幾章中，我們會深入討論）的好消息，就是股票為優秀的通膨避險利器。正如同我們先前所討論的一樣，持有股票，我們就等於持有了那些企業。這些公司有資產，也會創生產品，價值會隨著通膨而揚升，可以發揮避險功能、抵銷貨幣逐漸萎縮的價值。

遇到低度到中度通膨的時期，這一點尤為適用。

在建立財富的過程當中，可以承受多少風險？是每一個投資人都必須做出的決定。放眼過去這一百多年，你必須要自問，合理的是把焦點放在那起可怕重大事件？還是要針對主宰歷史的不斷上揚趨勢進行投資？

我絕對沒有可怕重大事件不需提心吊膽的意思。不過，它們相當罕見，而且在我們的優先原則之下（花得比賺得少——拿餘額去投資——避免負債），遇到這種狀況也還是活得下去。

在接下來的這幾章當中，我們會檢視建立與保護財富的特定投資方法，正如我在第一部所提出的保證，你絕對不敢相信它如此簡單。

第 10 章

保持簡單：考量與工具

簡單很美好，簡單讓一切更容易，而且有更高的獲利率。

這是本書的關鍵真言，而我要在接下來這幾章與各位分享的是簡純的精髓。只要靠著這個，你們就可以學到如何產生更佳投資績效、打敗至少82%專業人士（根據第8章）與積極的外行投資人的必備知識。它幾乎不會佔用你任何時間，而且可以讓你專注在其他能讓生活變得美滿的事物。

怎麼可能？投資不是很複雜嗎？難道我不該找專業人士當導師嗎？

沒有，而且不用。

早自巴比倫時代開始，人們就開始進行投資，大部分都是銷售物品給他人。強烈的金融刺激動力，讓這些投資方式日趨複雜又神秘。

不過，簡單事實擺在眼前：投資越複雜，獲利的可能性就越低。指數型基金之所以能夠打敗泰半的積極管理型基金，純粹就是因為後者需要昂貴的積極管理人。除了他們容易犯下投資錯誤之外，他們收取的費用也會持續拖累投資組合的績效。

不過，對於經營這些基金的公司來說，它們可以帶來龐大獲利，所以自然也會大力推銷。當然，這些獲利與行銷支出都

直接來自於你口袋的那些大筆費用。

你要知道，想要成功，你不僅不需要複雜的投資工具，而且它們還會成為危害的絆腳石。最好的狀況是，它們害你花大錢；最糟的狀況是，它們是集合了一堆騙子的臭糞池。它們不值得你浪費時間，我們自己可以做得更好。

以下是你需要的一切：三大考量與三大工具。

三大考量

你日後要考量的面向如下：

1. 你目前處於投資的哪一個階段？「累積財富階段」或是「維持財富階段」？
   或者是在兩者之間？
2. 你覺得自己可以接受什麼程度的風險？
3. 你的投資期限是長期還是短期？

想必你也注意到了，這三者具有緊密相關性。你的風險程度要視你的投資期限而定，這兩者的發展也會對你的投資階段造成偏移。這三者都與你目前的工作與未來計畫有關，只有你可以做決定，不過，請容我提出幾項指引思考。

安全性幾乎是一種幻覺。

　　天底下沒有零風險投資。等到你開始累積財富之後，風險就是生活的某種真實樣態，無法避免，只能選擇要哪一種風險，千萬不要聽信別人的話。如果你把所有的現金埋在後院（或者是某個美國聯邦存款保險的投保銀行帳戶，而現在的年利率近乎為零），等到二十年之後再挖出來，你擁有的金錢數字還是一樣。不過，就連最低的通膨水準也會大幅降低其購買力。要是你投資股市，很可能會超越通膨，建立財富，但必須要忍受一路的波動。

你的理財階段未必與年齡相關

　　當你在工作、儲蓄、增加投資籌碼的時候，就是累積財富階段；而一旦你的收入增速趨緩或是結束，那麼就進入了維持財富階段，屆時就是任由投資自己增長，以及／或是在你有需求的時候為你提供收入。

　　也許你打算要提早退休，可能會擔心自己的工作，也許正在休長假，或者為了要追夢而接受薪水比較低的工作，搞不好正準備要創業，或是在退休幾年之後又重回職場。你的生活階段很可能在一生中會發生數次變化，投資階段自然也會隨之轉變。

「X我不幹了的專戶」至為重要

　　如果你還沒有這筆錢，我建議你現在就趕緊準備，只要開

始永不嫌晚。要堅持下去,生活充滿了不確定性,你現在擁有而且熱愛的工作,明天可能就消失不見。要記得,金錢能夠購買的一切,都不及你的財務自由來得重要。在我們這個現代社會當中,最重要的利器非它莫屬。

不要太急忙去想短期的事

我們大多數人都是,也應該是長期投資者。投資顧問的典型經驗法則是這樣的:以一百(或者更積極一點,一百二也可以)減去你的年齡,結果就是你投資組合之中的股票百分比。根據這樣的算式,六十歲的人應該要有40%(或是60%的持股),還有60%(或是40%)的維持財富的保守債券,真是鬼扯。

問題是這樣的。久而久之,就連最低程度的通膨都會損害債券的價值,而且債券也無法提供股市抵銷通膨的成長潛力。

如果你是在二十歲開始投資,也許你應該會有八十年的投資期。要是人類預期壽命繼續延長的話,甚至會長達一個世紀之久。就算到了六十歲,只要身體健康,繼續上看三十年也是輕而易舉,而這就是本書中所謂的長期。

也許你有年紀比你小的配偶,又或者你想要留點錢給小孩、孫子,或是捐款給慈善組織,諸此種種,他們也有各自的長期期限。

三大工具

　　等到你釐清了自己的三大考量之後，就可以準備建立自己的投資組合，只需要以下這三項工具就大功告成。看吧，我之前就保證過這很簡單！

1. 股票：VTSAX（先鋒領航的整體股市指數型基金）。股市可以提供長時間的最佳利潤、作為我們對抗通膨的避險工具，它是我們累積財富的核心工具（我們會在第17章討論此一基金的各種變體版本）。

2. 債券：VBTLX（先鋒領航的整體債市指數型基金）。債券提供收入，有助趨緩我們股市投資的狂亂走勢，成為我們對抗通縮的避險工具。

3. 現金：應付日常支出與緊急狀況，現金很好用，而且它也是通縮時代的霸主。物品價格越低，你的現金就能購買更多的東西。不過，要是遇到物價上漲（通貨膨脹），它的價值就會逐漸受到侵蝕。在低利率的時代，閒置的現金沒有什麼了不起的賺錢空間。我建議你手邊留的現金是越少越好，只要符合你的需求與舒適層次即可。

　　我們習慣把自己的現金放在VMMXX（先鋒領航的主要貨幣市場基金）。在利率比較高的時候，貨幣市場基金通常會提供比銀行儲蓄帳戶更好的利率。不過，由於目前利率處於歷史低點，貨幣市場基金支付的利息幾乎是0%。而現在

銀行的匯率稍微高一點，而且他們還有受到美國聯邦存款保險上限二十五萬美元的保障。

　　基於這些理由，我們現在把現金放在我們的本地銀行與線上銀行，艾利銀行（Ally）。要是利率回升，而貨幣市場基金再次提供更好的利率，我們就會把現金轉回去。

　　所以，就這樣，三大簡單工具。兩個指數型共同基金，還有一個貨幣市場基金以及／或是銀行帳戶。建立財富、通膨避險、縮膨避險的工具，還有應付每日需求與緊急狀況的現金。正如同我先前所提出的保證一樣，它具有低廉成本、有效、分散風險，以及簡單的特性。

　　你可以在每一次投資的時候微調自己的財產配置、符合自己的個人考量。想要一路平穩？願意接受比較低的長期報酬率？比較緩慢的財富累積方式？那麼只要增加先鋒領航的整體債市指數型基金以及／或是現金的比重即可。想要追求最大化的成長潛能？那麼就放多一點在先鋒領航的整體股市指數型基金。

　　在接下來的篇章中，我們會討論指數型基金與債券，然後會探討幾個特定策略以及可以起步的投資組合，然後再看看要如何依據你的需求與性格、選擇最適合你的資產配置。

第 11 章

指數型基金真的只是懶人專用嗎？

啊，不是，指數型基金是為了那些期盼得到最佳績效的人所設計。

在過去的這兩三年當中，我的某些投資想法也引來其他作者的評論。我雖然深感榮幸，但我也注意到那些人雖然是想要讚美我，但有時候卻這麼定位我，雖然我對先鋒領航與指數型基金提出中肯建議，但只是給那些不想努力投資的一般人而已。他們抱持的想法是，要是能多下一點功夫與智慧，仔細挑選個股以及／或是積極管理式基金，更努力的人可以表現得更好。

狗屁！

在第 7 章的時候，我向各位介紹了傑克‧柏格，依我看來，沒有任何一個投資者的貢獻能夠超越柏格先生。從推出先鋒領航及其造福股東的獨特架構、乃至指數型基金：他是金融界的泰坦神，投資界的聖人與個人英雄。

現在，他八十多歲了，面對他成功打敗市場，他是這麼說的：「我在這個領域已經待了六十一年，已經沒辦法再繼續下去了。我從來沒遇過任何一個有這種能耐的人，我也從來沒遇過哪個人曾遇過有這種能耐的人。」

我也沒有。

其實，早在數十年前，當他還是學生在寫論文的時候，他就已經有所體悟，而之後在金融界的那數十年，純粹只是印證了他的想法而已。換言之，以持續可靠的方式買入股市指數裡的所有股票，績效會超越專業管理，尤其把購買成本納入考量的時候更是如此。

指數型購入的基本概念就是，由於挑選致勝股的機率幾乎是相當渺茫，所以在某個特定股市指數裡買下所有的股票，就能達到更好的績效。這種思維對於支付高額費用給華爾街專業人士背後的理由形成一大挑戰與威脅。不意外，反對聲浪來得又快又嚴厲，柏格先生當時被眾人訕笑，時至今日，依然有某些地方存在這種聲音。

不過，自從四十多年前他推出第一檔股票基金之後，時間不斷推移，柏格概念的效度也持續獲得了證實。

我沒辦法挑出致勝個股，你也沒辦法，大多數宣稱有此能耐的人士也不能，這就是殘酷的現實。它是超級艱鉅的任務，成本高昂，是傻人行徑。心懷謙卑，接受這個事實，就能夠為你累積財富的能力創造奇蹟。

甚至還有個學派表示超級明星投資者——想想華倫·巴菲特、彼得·林區、麥可·普萊斯吧——純粹就是運氣好而已。就連像我這種指數型的死忠支持者，也很難參透。不過，研究還指出只有1%的頂級操盤人績效可以打敗大盤，而出現這種難得一見場景的時候，很難區分到底是技術還是運氣。

所以，如果是這樣的話，為什麼還有這麼多人堅持指數概念？我認為背後有諸多心理學因素，以下是我想到的幾個理由：

1. 對於聰明的人來說，居然沒有辦法打敗純粹就是全買的指數策略，等於是對他們下戰書。找出優良企業，避開不良公司，看起來應該很簡單才是，實則不然。這是我個人的執念，而且我盲目追求超越大盤績效，反而浪費了多年時間與數萬美元。

　　我們回想一下，在一九六〇年代，美國政府曾經認真考量（這件事一直不曾發生）強制通用汽車破產。通用影響力如此深遠強大，完全沒有任何公司能夠與之匹敵，同一個通用到現在依然活得好好的，完全靠的就是同一個政府的慷慨鉅額紓困。反觀一九九〇年代的蘋果電腦，不會有人押注它可以存活下去，但在我撰寫這本書的時候，它已經成為全美市值最大的單一企業。今日的閃亮明星可能是明天的殘骸，而今日搖搖欲墜的企業也可能在明日出現刺激翻轉。

2. 購買指數型基金，等於接受了股市的「平均」利潤，而大家就是很難接受自己或生命中的任何事物落入平均的這種概念。

　　不過，在這樣的脈絡之中，幾乎大家都誤會了「平均」這個語彙。它的意義並不是指數型基金的利潤位於中段，這

裡的「平均」指的是以指數方式所呈現的所有股票綜合績效。

專業金融經理人的評量標準是他們的報酬表現。我們剛才也看出來了，無論是哪一年，他們大多數人的績效都不及他們目標的指數表現。其實，經過了十五到三十年的期間之後，指數的表現會超越99%積極管理基金的82%。

這就表示購買類似整體股市指數型基金的產品，就能夠站在頂級績效等級，而且是年復一年皆如此。接受「平均」也不壞，我可以靠著那樣的平均活下去（而且還賺錢）。

3. 金融媒體充滿了一般素人與專業人士在一兩年或三年的期間內打敗指數的報導。或者，在極端的範例之中，就像是巴菲特一樣，永遠能夠勝出大盤（一聽到像巴菲特那麼做就對了那種經常出現的宣傳詞，就會讓我面容抽搐，才怪！）聽起來真是令人興奮。畢竟，花錢做這種報導的通常是媒體的廣告客戶，或者是未來的廣告客戶。

不過，投資是一種長期遊戲。想要靠著挑選個股與頻頻更換致勝經理人、在數十年的這段時間擊敗股市大盤，你可沒那種好運。

4. 大家低估了會扯你後腿的投資費用。

支付基金以及／或是顧問費用1-2%的費用，似乎是很低，尤其是多頭時期的時候。不過，千萬別搞錯了，這些

年度費用其實是加諸在你財富身上的邪惡鍊球。我提供一個基準點，共同基金平均的費用比率（基金向投資者索取的費用）是1.25%。而整體股市指數型基金的費用比率是0.025%。誠如柏格所言，績效起起落落，但費用永遠得要支出，年復一年，以長時間複利效果計算的總數更是讓人倒抽一口氣。

想想看：一旦你開始靠投資組合的4%過生活，也就是可以靠資產的約4%過一整年（我們會在第四部討論這個4%的概念）。要是你得花1%的錢充作管理費，也就等於足足佔了你收入的25%。

5. 大家都想要快速獲利、享受快感，還有開口賣弄的機會。他們想要那種勝利的快感，誇耀自己的股票漲了三倍，或是自己的基金超越了標普五百。任由指數透過長時間展現它的魔力就不是很刺激，只是獲利可觀而已。

對我來說，我會在別的地方追求刺激，就由指數型產品為我擔任建立財富的重責大任。

6. 最後——也許是影響最為深遠的一點——向那些能夠被說服可以超越大盤的人拚命推銷建議與營業交易是可觀的商機。基金經理人、共同基金公司、財務顧問、股市分析師、電子報、部落格、營業員，這些人全都想把手伸入你的口袋裡。數十兆美元岌岌可危，鼓聲頻催，向你大力推銷的概念就是

他們的產品會不斷打敗大盤。簡單一句話：我們被洗腦了。

指數型產品成了基金經理人的高額費用，以及他們固定收取分潤的一大威脅。他們之所以能夠維持榮景，是因為能夠讓你誤以為追求打敗大盤的魅惑不會是一場空，也難怪他們總是到處詆毀指數型產品。

多年前我有一位武術教練大談有效的街頭搏擊，當他提到高踢的時候，是這麼說的：「在你決定要在街頭使出踢腿技巧的時候，必須要問自己這個問題：『我是李小龍嗎？』如果答案為『不是』，那就乖乖站好。」當你玩真的時候，這是很中肯的建議。

電影、比賽，到場裡的踢腿看起來很酷也有效，但要是放在街頭就會帶來很高的風險。除非你技巧高超而且技術顯然超出對手一大截（這是我們在街頭搏擊或投資時無法測知的事），不然很可能會讓你弱點盡顯。還有這一點很重要，就算是，你之前曾經有勝績也一樣。

投資亦然。在你想要挑個股以及／或是基金經理人的時候，詢問自己這個簡單的問題就好：「我是華倫·巴菲特嗎？」如果答案為「不是」，那麼就腳踏實地隨著指數前進。

且讓我花一點時間，把話講清楚。我偏好指數理財，並非是因為比較容易，雖然它的確有這個特點，也不是因為它比較簡單，雖然它也的確有這個特點。我之所以偏愛它，是因為與其他累積財富的工具相比，它更有效率也更強大。

我很樂意投注更多心力，得到更多的收益。花更多的心力，但卻得到更少的收益？我沒什麼興趣。

第 12 章

債券

　　目前我們花了相當多的時間檢視股市——我們要運用股票與指數型基金進行投資的標的。它們會成為我們累積財富的工具，而且很可能會成為我們資產的最大部位。

　　不過，我們在各式各樣的時刻，也會把債券加入這樣的組合，讓投資歷程可以變得更平穩，增加一點點收益，提供通縮避險，現在就讓我們來仔細研究一下。

　　就某種意義而言，債券就是更穩定，也更可靠的股票堂兄弟，或者表面看來是如此。但我們繼續看下去，將會發現債券其實並不像是許多人以為的那樣毫無風險。

　　我們面臨的挑戰是，債券是龐大的議題。細節無窮無盡，而且對於本書讀者來說，大部分的主題都令人興趣缺缺，靠，其實我也完全沒興趣。話說回來，除非你光是聽我的建議就覺得心滿意足，不然你應該會想要知道這些到底是什麼，為什麼會進入我們的投資組合之中。

　　不過，到底多少資訊才算足夠？真是考倒我了。所以接下來我會這麼做。我會在這一章以分階段的方式討論債券，等到你讀得夠多了、覺得持有（或不持有）債券沒問題，那麼看到這樣就夠了。如果你看完這一章之後還想要知道更多，那麼還

有一大堆討論債券的書籍可以讓你深入研究。

第一階段

　　債券在我們的投資組合之中提供了某種通縮避險的功能。通縮是對你金錢有害的兩大風險之一。通貨膨脹是另一個，而我們是靠自己的股票予以避險。你現在會回想起我們先前提到通縮時會出現什麼狀況，物價會不斷下跌，而遇到通膨的時候，物價會不斷上升，就是陰與陽。

　　債券的波動性通常也比股票來得低，可以讓我們的投資歷程稍微平穩一點。

　　債券會支付利息，提供我們某種收入流。

　　有時候它的孳息免稅，比方說：

　　市政債券的利息不需支付發行機構所在地的聯邦所得稅與州所得稅。

　　美國公債免州稅與地方稅。

第二階段

　　好，所以到底債券是什麼？又與股票有什麼不同之處？

　　以最簡單的語彙來說：當你買了股票之後，就等於買入某間公司的部分經營權。而當你買了債券，就等於把錢借給某間

公司或是政府機構。

由於遇到通縮的時候物價會下跌,當你借出的錢回來之後,就會擁有更多的購買力。你的錢會比你當初借出時增加了購買力。這種價值的增長有助抵銷你其他資產所造成的通縮損失。

遇到通膨的時候,物價上漲,所以你借出的錢也因而損失了價值。等到你的錢回來的時候,現金的購買力也不如以往。所以,這種狀況下還是擁有資產比較好,比方說是股票,它的價值可以隨著通膨一起揚升。

第三階段

由於我們把債券放在先鋒領航的整體債市指數型基金——所以持有個別債券的絕大多數風險也消失無蹤。根據最新統計,這數字之後可能會稍有變動,此檔基金一共持有七千八百四十三種債券。全部都是投資級(高級),沒有任何一個低於中等最高級(這部分請參考第四階段),如此一來就能降低違約風險。這檔基金持有的債券到期日各不相同,降低了利率風險,而且基金持有的債券涵蓋了不同的期限,降低了通貨膨脹的風險。

我們會在下一個階段進一步討論這些風險,不過,這裡的重點在此:如果你打算持有債券,方法就是放在某一檔債券基金。顯少會有投資人選擇購買個別債券,主要的例外有美國公

債，還有功能類似債券的銀行定存。

第四階段

　　債券的兩大關鍵要素是利率與期限。利率純粹就是債券發行單位（欠款者）同意支付債券買方（出借者——你，或可延伸至你所持有的基金）。期限就是金錢借出的時間長度。所以，要是你花一千美金買下XYZ公司的十年期債券，而利率是10%[10]，XYZ公司每年將會付你一百美金的利息（一千美金的10%），而此一債券總期利息共是一千美元（一百美金乘以十）。如果你持有這債權直到十年期結束的到期日，債券發行單位必須要歸回你當初的一千美元投資金額。你唯一需要擔心的是XYZ公司違約而不歸還本金的可能性。

　　所以，違約是與債券有關的第一個風險。為了要幫助投資人評估某間公司或政府所發行債券的風險，好幾間評比機構都會評量它們的信用品質。他們使用的量表從AAA到D，有點像是高中一樣。評比越低，風險越高。風險程度越高的債券，就越難找到購買者；越難找到購買者，就必須以更高的利率吸引他們的注意力。投資人願意接受較高風險的同時，也會期待更高的利率。

　　所以，違約風險也是決定你的債券會支付你多少利息的第

10　當然最近的利率根本和10%沾不上邊，我只是要讓計算過程容易一點而已。

一要素。身為債券購買人，願意承擔的風險越高，可以得到的利息也就越高。

第五階段

利率風險是與債券相關的第二個風險因素，而且它與債券期限的關係密不可分。只有在你打算於債券到期日之前賣出的時候才會出現這種風險，原因如下：

當你決定賣出債券的時候，必須要在所謂的「次級市場」提供給買家。運用我們上述的例子，這些買家願意付出的金額可能會超過你原本支付的一千美金，也可能不到這數字，一切都要看自你購入之後的利率變化而定。要是利率升高，那麼你債券的價值就降低；如果利率降低，那麼你債券的價值就會升高。令人困惑吧？我們用這個角度來釐清：

你決定賣出上述所舉例的債券。你付了一千美金，每年可以賺 10% ／一百美金。既然我可以買到每年支付我一百五十美元的債券，顯然我就不會花一千美元樂意買下你那個每年僅能支付一百美元的債券。沒有人會幹這種事，這下你就不知該如何是好了。不過，所幸次級債券市場（也就是已經發行的可交易債券）會根據現行的 15% 利率、精確計算出你的債券價格到底下跌了多少。

不過，要是利率下降，那麼角色就顛倒過來了。如果是從 10% 降到了 5%，那麼我的一千美元只能買到每年支付五十美

元的債券。既然你的債券可以支付一百美元，顯然它的價值超過了你當初的一千美元。要是你打算賣出，債券市場會再次精確計算出你債券漲升後的價格。

當利率往上的時候，債券價格就會下跌；而當利率往下走的時候，債券價格就會揚升。無論如何，只要你持有債券至到期日，排除了違約可能，那麼你就會拿回當初支付的金額。

第六階段

各位可能已經猜到了，債券的期限長度是我們的第三個風險，而且它也有助決定我們所能得到的利率。債券的期限越長，期限日之前發生劇烈變化的機率也就越高，換言之，風險也更高。債券有不同的定價，但依據期限長度可分為三大類；短期、中期，以及長期。舉例來說，美國公債（我們聯邦政府所發行的債券）共有：

- 國庫券——一年到五年期的短期債券
- 票據——六年到十二年期的中期債券
- 長期債券——十二年期以上的長期債券

一般來說，短期債券支付的利率比較低，因為既然你的錢被綁的期限比較短，所以也被視為風險較低。以此類推，長期債券被視為風險較高，所以支付的利率也比較高。

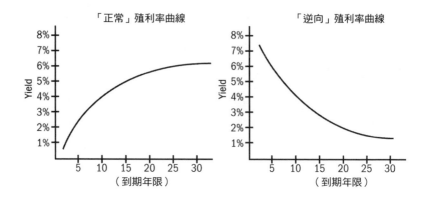

如果你是債券分析師，就會畫出這樣的走勢圖，所謂的殖利率曲線。左側的走勢圖相當典型，要是短期、中期、長期利率的差異越大，曲線就會更陡峭。利率會出現各式各樣的差異，有時局勢詭異，短期利率會比長期利率來得高，在這種狀況下，就會生出這種有完美命名的「逆向殖利率曲線」的走勢圖，它讓債券分析師們的心臟怦怦亂跳，右側走勢圖可以看得出是什麼情形。

第七階段

通貨膨脹是你所持債券的最大風險。正如同我們先前所討論的一樣，出現通膨的時候，物價就會上揚。你以購買債券的方式借錢出去，遇到通膨的時候，拿回來的錢所能買的物品更少了，你的金錢價值也會隨之減損。決定債券支付利率的一大因素就是預期通膨率。由於在健康經濟體之中通膨幾乎一直存

在，所以長期債券當然會受到影響，這就是為什麼通常會支付更高利率的關鍵原因。好，當我們看到「逆向殖利率曲線」的時候，短期債券利率會高於長期利率，投資人可以預期將來會出現低通膨甚或是通縮。

第八階段

以下是其他的風險：

信用降級。記得我們先前導論的評比機構嗎？也許你買了某間公司被評為 AAA（最高級別）的債券，而當你買入之後一段時間，這間公司陷入困境，這些機構就會降低它的評比，也會造成你的債券價值跟著一起損失。

可贖回債券。某些債券為「可贖回」，也就是說，債券發行機構可以在期限日到期前買回。他們會把錢還給你，不再支付利息。當然，他們只會在利率下降、可以在其他地方借到更便宜的錢的時候才會這麼做。各位現在也知道了，當利率下降的時候，你債券的價值反而上漲，但萬一真的要贖回，噗！恭喜豐厚獲利入袋。

流動性風險。某些公司就是沒那麼受到大家青睞，它們的債券亦然。流動性風險指的是當你想要賣出的時候，感興趣的買家寥寥可數，而買家少＝較低的價格。

只要持有債券指數型基金，就可以大幅度減輕這一切風險，所以我們才會選擇先鋒領航的整體債市指數型基金。

第九階段

市政債券是由全國與地方等級的政府與政府機構所發行的債券。通常這些債券是為了籌措興建學校、機場、下水道系統之類的公共設施。

它們所提供的利率雖然低於公司債券，但是卻有聯邦所得稅免稅的優點，而且通常也不用繳交發行機構所在地的州所得稅，對於高稅級人士來說很有吸引力，如果他們住在高所得稅州的話更是如此，對於發行這些債券的政府來說，必須支付的利息費也比較低。

先鋒領航有好幾檔以市政債券為主的基金，標的也包括重點選定的某幾州，有興趣的人可自行參考www.vanguard.com網站。

第十階段

基金五花八門，類型多到無可計數。基本上，它們來自於各個國家政府、州政府、地方政府、官方機構與企業。買家、賣方、管理者的想像力有多麼寬廣，期限、利率、付款條件就有多少可能。不過，既然這本書是《簡單致富》，我們就安心在這裡結束這個主題吧。

第 13 章

累積與維持財富的投資組合概念

　　我們可以說已經花了前面那幾章的篇幅讓大家了解基本形貌。現在，讓我們把注意力轉移到有趣的部分。到底我們要怎麼運用目前所學到的部分來累積與維持財富？我會給大家兩種投資組合，每一個運用的都是我們先前討論過的工具（基金）。

　　首先，我要讓各位看一下我二十四歲的女兒是怎麼操作的。她根本不在乎理財，而靠著這種簡單的方法，其實她也不需要，她只要把錢持續放入桶內、任由它向前挺進就是了。過了多年之後，她會一覺醒來成了富翁，而這一路走來，她的成績將會打敗 82% 的積極投資人，我們會把這階段稱之為「累積財富的投資組合」。

　　然後，我會給大家看的是我與妻子這種半退休夫妻的理財方式，我們就把那稱之為「維持財富的投資組合」。

　　你的個人狀況很可能與我們家很不一樣。但靠著這兩個方式作為參數，再以我們於第 5 章所討論的內容檢視自己的「考量」，應該就能夠把這些工具套用於適合自己的方案。

累積財富的投資組合

這是我替女兒所做的設計，還有這麼做的原因。

重點就是：要是你想當個能夠存活，而且還過得不錯的投資人，你有兩個選擇。其一是遵循我們在第1章所討論的那種建議，尋求多樣化又範圍寬廣的資產配置，你的期盼是這麼做可以讓投資之路變得平穩，就算會降低長期報酬也無礙。

別鬧了！你年輕、充滿企圖，蓄勢待發要累積財富，準備要盡快建立自己的「X我不幹了的專戶」，你的焦點將是史上最強績效的資產類別：股票。你要「釐清心緒」，保持堅強，學習要如何度過風暴。

想必你一定聽過這種說法：「不要把所有的雞蛋放在同一個籃子裡。」

你也可能聽過這種說法的變體：「把所有的雞蛋放在同一個籃子裡，緊盯籃子不放。」

全忘了吧，這是和藹吉姆大叔給你的忠言：

把所有的雞蛋放在同一個籃子裡，然後就忘了這檔子事。

投資的一大諷刺就是你對投資越緊盯不放，越是東搞西弄，你的績效可能就越差。裝滿你的籃子，越多越好，就這麼一路走下去，其他時間就別管了，很可能就能讓你一覺醒來成了富翁。

而籃子是這個：先鋒領航的整體股市指數型基金。要是你老早就開始注意到這一檔的話，也不意外，它等於持有全美上市公司，也就是說，你能夠擁有超過三千七百家全國企業的一部分，讓它成為一個範圍寬廣又多樣的籃子。而且，它其實是低成本基金，可以讓你擁有更多的錢為你賺錢。

　類似這種持有100%的股票，會被認為是一種非常積極型的投資配置。的確如此，而在「累積財富階段」，你就應該要採取這種手法。你的前頭還有數十年在等著你，沿路可以一直加碼新資金。股市上上下下不重要，因為你會避免恐慌，堅持下去。要是真遇到什麼狀況，你也會將股市下跌認定為「股價打折」的買進機會。也許從現在起算的四十年之後（或者是你開始要靠自己的投資組合過日子的任何時點），你可能會想要加入一檔債券指數型基金讓投資之路更為平穩，那就等到那時候再操心吧。

　現在，我已經可以看到全世界的金融大師們集結起來、準備要狠狠修理我，所以請容我解釋一下。

　先前我們曾經解釋過，金融危機只不過是地景的一部分，只要順利度過，就能得到最佳報酬。你沒有辦法預測，也無法擇時進出。在你的投資生涯之中，你會歷經多次起伏，但要是你心理素質夠堅強，就能夠將它們拋諸腦後。

　好，要是我們同意我們能夠「釐清心緒」，又該選擇什麼度過難關？顯然我們就是要找到表現最佳的資產類別，再清楚也不過了，就是股票。如果你注意的範圍從債券、房地產、黃

金、農地、藝術品、賽馬乃至其他各種項目，能夠提供最佳長期績效表現的是股票，其他標的都萬萬不及。

我們先花一點時間研究為什麼這一點真確無誤。股票不只是輕薄的交易紀錄而已，當你持有股票的時候，等於持有某間企業的一小部分，而許多公司的營運範圍遍及全世界，可以讓你得以參與全球各地的市場。

這些公司充滿了為求擴張與服務客戶群而努力不懈的員工，在只會獎勵達標者、拋棄不合格者的冷酷無情環境中，他們互相競爭。就是這股緊張的動力讓股票及其所代表的企業成為世上最猛烈、最成功的投資類別。

由於先鋒領航是指數型基金，我們甚至不需要擔心哪家公司賺錢，哪家公司倒閉。正如我們所見，它有「自我淨化」的功能，敗者退場，而贏者可以繼續無限擴張。

100%的股票投資組合──也就是先鋒領航的整體股市指數型基金所給你的標的──經過了不斷的研究，它能夠提供長時間的最佳報酬。不過，要是你不夠堅強、無法堅持下去，或者在暴風雨肆虐的時候害怕而拚命拋售，你將會溺斃。但這是心理面的失敗，而不是這種資產類別的下跌。

順帶一提，有研究顯示持有10-25%的債券、搭配75-90%的股票，其實會比持有100%股票的表現略好一點，波動性也稍微小一點。要是你想走的是那種路徑，選擇這種必須要經常調整配置、稍嫌複雜的過程，我也不會有任何異議。

真的這麼簡單嗎？對，我從一九七五年開始投資。當時先

鋒領航的整體股市指數型基金才剛問世，而從一九七五年一月到二○一五年一月的過去這四十年當中，標普五百指數的年化成長率是11.9%[11]。只要每年投資兩千四百美元（每個月兩百美金），之後就放任不管，到了二○一五年的時候，就會有一百五十一萬五千五百四十二美元[12]。在同樣的期間，要是投入單筆的一萬美元，最後會有八十九萬七千九百零五美元。雖然在過去四十年當中，我們經歷了恐慌、崩跌、衰退，還有各種災難，但還是有這樣的成績。

不幸的是，我當時還不夠聰明，沒來得及下手。不過，這就是我為我當年十九歲女兒所創生的《簡單致富》：把你的雞蛋放在一個多樣化的大籃子裡面，只要有餘裕就加碼，然後忘了這件事，你加碼得更多，就能更快達陣，任務圓滿成功。

維持財富的投資組合

不過，等等，你說話了，我已經退休了，或是馬上要退休，我已經建立了自己的財富，現在我想要靠它過生活，或者，我純粹就是對於全部股票或者幾乎都是股票的投資組合的波動性感到不安，我想要的是比較平穩的理財之道，那又該怎麼辦？

11　* http://dqydj.net/sp-500-return-calculator/（使用：股息再投資／忽略通膨）

12　** https://dqydj.com/sp-500-periodic-reinvestment-calculator-dividends/（按下「顯示進一步選項」頁籤，在「忽略稅負」與「忽略費用」項目打勾。）

對，我也是，幾年前，就在我快要退休的時候，我在先鋒領航的整體股市指數型基金之外又加了另一筆投資。等等，這真的有點複雜，你必須加入另一個指數型基金，哎呀呀！

　　我們現在進入了資產配置的世界，這得要花稍微多一點的時間。除了要加這個額外的基金之外，我們也會要決定配置的比重。然後，每隔個一年左右，我們就會想要再平衡配置，讓它們符合我們的期盼。每一年所需要花的時間是兩三個小時，想必你一定不成問題。

　　我們也很清楚，由百分之百股票組成的投資組合——就連放在廣大又多樣的整體股市指數型基金——也都會被視為非常積極型投資。短期高風險（講明了：令人憂心忡忡的波動性）的獎勵就是頂級的長期報酬，對於那些可以乘風破浪、為投資加碼、擁有長期眼光的人來說，這是絕妙之選。

　　但這並不適合每一個人，也許你不想要面對那種等級的風險，可能需要多一點寧靜的心情。既然你年紀增長，也許會希望投資之路平穩一點，就算是整體報酬比較低也不成問題，你希望半夜睡得安穩。

　　現在我算是半退休狀態，我們也已經達到了財務自由階段，我也想要如此。我妻子和我還有在我們的投資組合裡加了其他東西，但總額不多，詳情如下：

● **~75% 股票**：先鋒領航的整體股市指數型基金，依然是我們持有的核心部位，基於我們先前所提過的種種原

因。

- **~20% 債券**：先鋒領航的整體債市指數型基金，債券可以提供一些收入，可以幫助我們在崎嶇的股票投資之路走得比較平穩，也是對抗通縮的工具。
- **~5% 現金**：我們存放在自己的本地銀行。

　　你可以根據自己的個人狀況進行微調配置。希望可以平穩理財？能夠接受可能會比較低的長期報酬以及比較緩慢的財富累積速度？那就增加先鋒領航的整體債市指數型基金的比重就是了。面對波動性也自在無虞？想要更高的成長？那就多放一點在先鋒領航的整體債市指數型基金。

　　既然我們現在已經介紹了資產配置的觀念，接下來就繼續深入探索。

第 14 章

選擇自己的資產配置

　　生活是平衡與選擇。這個多一點,那個就會稍微損失了一點。而牽涉到投資的時候,平衡與選擇會洩漏出你的個性與目標。

　　像我這樣的投資狂是異類,頭腦正常的人才不會想要搞得這麼麻煩。我女兒幫助我了解到這一點的時候,我也差不多是在同一時間終於體悟到最有效的投資方法,其實也最簡單。

　　複雜與昂貴的投資方式不只是沒有必要,而且績效也不及格。東搞西搞的結果幾乎一定會看到最悲慘的結果。做出幾項合理的抉擇,任由它們挺進下去,就是成功的精髓,也是《簡單致富》的核心價值。

　　各位看這本書看到現在,想必也已經知道了這一點。而大家一定也明白,由於我們的指引原則是簡單,所以我們就只以兩個基金來看待我們投資生活的兩大階段:

- 「累積財富階段」或是「維持財富階段」。或者,可能是這兩者的混合狀態。
- 先鋒領航的整體股市指數型基金與先鋒領航的整體債市指數型基金。

累積財富階段就是你在工作，賺進收入可以存款與進行投資。在這個階段，我傾向100%的股票，而先鋒領航的整體股市指數型基金是我鍾愛的基金。如果你的目標是財務自由，那麼你在這些年的儲蓄率必須要很高。當你每個月把那筆錢拿去投資的時候，就可以讓股市的崎嶇之路變得比較平穩。

當然，在真實世界當中，這種分野也未必總是這麼清楚。你可能會發現自己在退休的時候還是在賺錢，或者，過了多年之後，你可能從一個階段進入另一個階段，然後又再次回頭。也許你會離開某個高薪工作，為了自己的所愛而願意減薪。在我自己的職場生涯當中，我曾經多次選擇退場好幾個月甚至數年之久，每一次都會改變我的理財階段。

運用這種兩階段與兩種基金的架構，你就已經擁有了找出自身平衡點的所有工具。想要確定平衡點在哪，你也必須要考量另外兩個因素：你願意付出多少努力，還有風險承受力。

努力

在累積財富階段，運用先鋒領航的整體股市指數型基金的100%股票配置，正是簡單的精髓。不過，我們也看到了某些研究建議要加入一點債券——差不多10-25%好了——其實能夠超越100%股票。靠著網路的各種計算器，各位可以看到它所發生的影響，在這樣的過程中，一定會注意到加入債券的比

例超過25%之後就會開始損害報酬。

各位還記得那些我們拿來推算未來某些假設的未定論研究以及計算器，100%的股票，以及股票與債券80/20比的預期績效差異是微乎其微。未來這數十年來的最終結果其實可能會無分軒輊，最終贏家根本難以預測。基於這個理由，還有我偏好簡單的方式，我推薦利用先鋒領航的整體股市指數型基金進行100%股票投資。

也就是說，要是你願意多做一點功課，加入10-25%的債券，可以讓崎嶇的理財歷程變得比較平穩一點，甚至長時間下來可能會有打敗大盤的績效。要是你真的選擇這種方式，大約每隔一年左右就會再平衡自己的基金，才能夠維持你所選定的配置。要是股市發生了劇烈的變動（20%以上或以下），也可能要隨時再平衡資產。也就是說，只要有資產類別表現較好的時候就要賣出，而表現落後的那一檔則買進。

理想狀況是，你應該要在如個人退休帳戶或是401(k)退休福利計畫（我們等一下就會提到）之類的稅負優惠帳戶進行操作，所以你不需要繳任何的資本利得稅。得要繳資本利得稅是一大缺點，也是乾脆專心持有整體股市指數型基金的另一項理由。這樣的再平衡很簡單，可透過先鋒領航或其他大部分的投資機構在線上完成，每年應該只需要花兩三小時而已。這就像是為自己的車子換機油一樣，確實做到至為重要。

如果你不確定自己是否會記得再平衡，或者純粹就是懶得費事，那麼目標退休基金也是一個不錯的選擇。這些可以讓

你自行選擇配置，然後會自動幫你再平衡。他們比你自己操作的單純指數型基金的成本高一點——必須為那種額外的服務付費——但成本依然低廉。我們會在第16章中討論更多細節。

風險因素

性格，這是你處理風險的個人能力。只有你自己可以作主。如果說有什麼時候必須要殘酷面對自己，就是此刻無疑。

彈性，你調整自身消費的意願與能力有多少？如有必要，願意勒緊自己的皮帶嗎？願意搬到美國比較便宜的區域嗎？或是比較便宜的國家？你可以重返職場嗎？創造額外的收入來源？你的生活方式越是一成不變，能夠面對的風險就越低。

你擁有多少？我們會在第四部討論，簡單的4%規則，是決定你資產能夠長時間提供多少合理收入的一種可靠原則。如果你幾乎入不敷出，那麼你面對風險的能力就會陡降。不過，要是你雖然花4%，但有一大部分的花費是用在類似旅遊的非必要嗜好項目，那麼你就可以面對更高的風險。

考量了努力與風險因素之後，還有以下這些問題需要考量。

我該在什麼時候轉移到債券？

這個動作的執行時點主要是看你的風險耐受力與個人狀況

而定。

如果想要移轉得完美順暢，那麼，很可能必須再在你完全退休之前的五或十年開始慢慢轉入你的債券配置，尤其當你心中已經有確定的退休日期的時候，更當如此。

不過，要是你的退休日期很彈性，而且具有更高的風險耐受力，那麼，你也許可以在做決定之前，繼續留在股市。這種方式需要更有潛力的股票，才能讓你盡快達標。但要是市場還在與你作對，那麼你得甘願稍稍延遲一下自己的退休日期。

年紀重要嗎？

總而言之，我傾向以生活階段來區分投資進程，而不是以傳統的年紀方式。大家都知道現在人類壽命變得更長，而且生活樣態變得越來越多樣化，尤其是本書的讀者。某些人提早退休，還有的人是從薪水較高的職位退休、轉而從事更符合自己價值與興趣的較低薪工作。也還有其他人和我一樣，配合自己的狀態在職場進進出出，他們身處的階段不斷在流動。

所以年齡似乎不是那麼重要了，至少不若以往。

但話說回來，當年齡逐漸增長，選擇也就開始逐漸受限。年齡歧視是現實，尤其在企業集團更是如此。當你的年紀越來越大，很可能再也沒有與年輕時代一樣多的機會。要是在你的一生中偶爾會暫別高薪工作，一定要謹慎考慮。

而且，你的年紀越來越大，投資複利的增長，從市場大跌

中回復的時間也會比較少。

這兩個考量都會影響你的風險取向，如果是這樣的話，可能會讓你想要考慮早一點加入債券。

是否有一年中最佳的再平衡時機？

其實沒有。目前我還沒有看到任何可靠研究指出一年之中的哪一個時候效果最好。就算有人研究出來好了，等到大家知道蜂擁而至的時候，也會影響效果。

我的建議是避開一年之末／之始。這是大家進行再平衡的熱門時段，許多人忙著避稅拋售或是購入新標的，這可能會引發短期市場扭曲，我建議避開。我們自己是挑我太太的生日進行再平衡，隨機，而且又容易記得。

我某些投資放在稅負優惠帳戶，有些放在一般帳戶，
要如何進行再平衡？

這可能很棘手，反正就是就自己的條件想辦法處理。雖然最好的方式是把債券放在稅負優惠帳戶，但處理再平衡的手法很複雜。

首先，你必須要在思考配置的時候，把所有的投資當成整體作為考量。

接下來，一般來說，最好要在稅負優惠帳戶買進賣出，避

免產生課稅項目。我建議是等到你在某一年出現資本損失的時候再進行這個動作，然後，最好趁機把它們移出課稅帳戶。

舉例來說，你可能在個人退休帳戶和某一課稅帳戶都持有先鋒領航的整體股市指數型基金，如果你在那一年需要賣出進行再平衡，那就賣出課稅帳戶的基金，取得資金損失。要是正好有其他利得，資本利得分配也算在內，那麼就可以進行扣抵。收入最高可以扣抵三千美金，剩下的損失可以繼續運用在將來的那些年。

（但要小心，在賣出的三十天之內，不要在個人退休帳戶或是其他的投資帳戶加碼先鋒領航的整體股市指數型基金。萬一這麼做的話，個人退休帳戶會認定這是某種「假售回購」，你的稅損就會被認定為無效。）

更高頻率的重新配置是否能夠增進績效？

提供這種服務的投資公司堅持靠這樣長時間操作一定奏效，但是我不確定自己是否會接受這種假設。其實，我比較傾向反方意見，這也讓我與傑克・柏格站在同一陣線。

柏格先生指出先鋒領航曾經針對每年都進行再平衡，還有完全不進行再平衡的股票與債券投資組合進行研究，結果顯示再平衡的投資組合表現比較優異，但差異微乎其微，所以可以把它歸為策略，也可以是干擾，他的結論如下：

「再平衡，是一種個人選擇，而不是統計數據能夠證實的選擇。要這麼做當然不要緊（雖然我自己不會），但也沒有理由過度擔心股權比例的細微變化。」

我們還是會每年進行再平衡，但要是真的哪天改弦易轍，也不會產生任何困擾。

就這樣了：以上就是營造最適合自身資產配置所需要評估的考量，還有必須運用的工具。

好，我為什麼沒有像大部分的其他投資作家一樣加入國際基金？且讓我們在下一章看個仔細。

第 15 章

國際基金

正如我們在本書中先前的討論一樣，大多數專家推薦的基金與資產類別都遠遠超過了我所提出的那兩個。其實，正如我們所看到的一樣——經過二〇〇八到二〇〇九年股市爆炸之後，大家都嚇傻了——許多人現在都會鼓吹我們一切都要投資，期盼裡面只要有兩個可以回升就好了。如果想要穩當使出這一張，需要花一番功夫理解資產類別、決定各個的比重、挑選持有的方式、進行再平衡與追蹤，最後結果很可能是欠佳的績效。

不過，就連對那些願意接受簡單之好處的人來說，我的「維持財富投資組合」兩大基金似乎也不夠完備。www.jlcollinsnh.com的讀者們是精明的一群人，他們最常詢問的漏置資產類別就是國際股市。

由於你看到的其他資產配置總是會包含國際股市成分，那麼我們的「簡單之路」為什麼沒有呢？有三大原因：增加的風險、增加的成分，還有我們已經把它納入其中了。

1. 額外的風險

貨幣風險。你持有國際公司的時候，它們會以它們的母國貨幣進行交易。由於那些貨幣兌換美元會產生波動，持有國際基金，也就增加了這個面向的風險。

會計風險。只有少數國家——尤其是在新興市場——才會提供如美國所需的透明會計標準資料。就連在這裡，類似安隆這樣的大公司也會偶爾傳出銷毀帳冊、欺瞞投資人的情事。在地的法規架構越薄弱，所牽涉的風險就越高。

2. 增加的支出

先鋒領航的費用比率是低到不能再低的0.05%。雖然先鋒領航的國際基金已經比其他同類型基金便宜，但費用比率依然是同公司其他基金的兩倍以上。

3. 我們已經把它納入其中了

大家所舉列持有國際基金的關鍵原因就是要避免完全仰賴美國經濟，而且能夠觸及與美國市場連動性不高的全球資產類別成長潛力，但我們已經把那些因素都納入其中了。

先看第一個因素，美國的前五百大企業幾乎佔了先鋒領航的整體股市指數型基金的80%，這五百大企業都是跨國公司，

許多公司銷售與收益的50%或是以上都來自於海外市場，隨便舉例就有蘋果、奇異、微軟、埃克森美孚、波克夏‧海瑟威、開拓重工、可口可樂，以及福特等公司。

由於這些企業可以讓我們以穩固的方式接觸全球市場成長——同時又濾除了大多數的額外風險——我認為不需要特別投資國際股市的基金。

而第二個通常會被提及的因素是因為大家預期國際市場的表現不會與美國有連動性，換言之，其中一個揚升，另外一個應該是下降，這樣的思維就是如果資產配置裡能夠有一部分國際市場，就能幫助你的理財之路更加平穩，而且還可能透過重新配置增加報酬。問題是，全球經濟變得越來越密不可分，各地股市的表現差異也隨之褪淡。雖然因為地緣政治事件而總是會有意外，但全球市場的連動性其實越來越高。

這是我的想法。不過，你的世界觀，也許可能會讓你產生不同的結論，如果你抱持這樣的想法——而且覺得需要比先鋒領航的整體股市指數型基金裡的內建投資標的更加國際化——我們的先鋒領航之友有些出色選擇，以下是我建議的三檔：

- VFWAX：先鋒領航的富時100指數全球但不含美國之指數型基金（費用比率是0.13%）

- VFIAX：先鋒領航的整體國際股市指數型基金（費用比率是0.12%）

這兩檔的投資標的都是全球股市,但美國除外,而你的先鋒領航的整體股市指數型基金已經有了美國股市。

要是你個人偏好是盡量簡化,多花一點點費用也無妨,那麼也許考慮一下這個:

● VTWSX:先鋒領航的整體世界股市指數型基金
（費用比率是0.25%）

這一檔基金涵蓋全球,也包括了約50%的美國市場,有了這個基金,就不需持有先鋒領航的整體股市指數型基金了。

雖然我不覺得需要國際基金,但對於持有者我也沒有強烈反對之意。但只要確定你知道自己的先鋒領航的整體股市指數型基金裡面已經包括了哪些標的,以及這些基金所產生的費用成本與額外風險。

第 16 章

目標退休基金：最容易的致富之路

　　好，你已經看到了這裡，雖然在「累積財富的投資組合」只需要一檔基金，不需花費任何氣力，而遇到「維持財富的投資組合」的時候，需要兩檔基金。所以你心想：「哦拜託，兩檔基金？而且我每年還要進行再平衡？要持續追蹤也太費力了吧！」搞不好你甚至還有這樣的念頭：「我已明白他在前一章提到的內容，但我還是想要讓自己的投資組合裡含有一些國際市場的部分。」

　　我聽到了你的痛苦。你只需要一切可能方法之中最簡單的那一個，你只想要買一檔基金、持有它直到自己的人生終點。你要興建橋梁、治理國家、創作偉大藝術、治療各種疾病、創業、坐在椅子上納涼……各位我來了。

　　更重要的是，先鋒領航也有一系列十二檔的目標退休基金。關於這種產品，其他共同基金公司也有，但大家也知道，我們在討論這些內容的時候，先鋒領航是我們的首選，所以我們就以他們家的目標退休基金進行討論。要是你的401(k)或是類似計畫只提供了一檔其他家的產品，這裡所提的一切（除了費用比例之外）依然適用。

　　如果你造訪先鋒領航的官網，就會看到從計畫二○一○年

退休到計畫二〇六〇年退休的十二檔基金，還有一檔的設計對象是已經七十二歲以上的退休族群。這樣的思維就是你純粹挑選自己打算退休的那一年找出合適的基金即可，剩下就是盡可能投入資金，等到時刻到來的時候安排提領支付，其他就完全不需要你操心，是一種美麗又優雅的解決方案。

讓我們仔細研究一下。

每一檔目標退休基金都是知名的「基金中的基金」，這純粹意味這家基金持有好幾檔其他基金，每一個都有不同的投資標的。就先鋒領航而言，這些基金旗下擁有的都是低成本指數型基金，看到現在想必各位也已經知道了，很好。二〇二〇到二〇六〇年的各檔目標退休基金只有四種基金：

● 整體股市指數型基金
● 整體債市指數型基金
● 整體國際股市指數型基金
● 整體國際債市指數型基金

二〇一〇、二〇一五以及二〇二〇年的目標退休基金除了那四檔之外，還加了這一個：

● 短期抗通膨債券指數型基金

日子一天天過去，所選定的退休日期也逐漸迫近，這些基

金會自動調整平衡，隨著時間推移而變得越來越保守，波動性也越來越低，你完全不用動手。

而費用比率則是從0.14%到0.16%，視不同基金而定。當然不像先鋒領航的整體股市指數型基金之類的基本指數型基金那麼低廉（0.05%），但衡量它們所附加的簡單性，還是值得考慮。

缺點呢？

有些人認為這些基金太保守，而且時期太短；還有人抱怨太積極，時期拖得太長。依我看來，我認為先鋒領航的定位相當準確，對我個人來說稍嫌保守，但話說回來，我本來就是積極型投資人。這一點很容易調整，如果你想要採取比較保守的策略（更高比例的債券），挑選在真正退休日到來之前的期限就是了，越早到來的日期，資產配置就越保守。如果你想要更積極（更高比例的股票），挑選晚一點的日期就對了。

其他基金公司使用不同的配置、因應不同的退休日期。要是在你的401(k)或是403(b)退休福利計畫裡面有那些基金，你需要仔細研究，然後做出決定，而上述原則同樣適用。

由於目標退休基金有這些好處，而且費用相對低廉，所以我可以放心推薦。對許多人，甚至是大多數的人來說，它們是極佳選擇，絕對能夠超越大多數的長時間積極管理投資策略。

不過，我對於先前章節提到的那些途徑，偏愛的程度還是稍微高一點，原因如下：

- 費用比率還是比那些目標退休基金低一點。
- 目標退休基金都持有整體國際股市指數型基金。雖然這是一檔優異的基金，但正如同我們在第15章所討論的一樣，我覺得除了先鋒領航的整體股市指數型基金所涵蓋的國際部分之外，不需要額外增加。
- 要是擁有獨立的基金，我就可以把自己的債券放在稅負優惠的儲桶，以免股息與利息遭到課稅。如果你決定要持有目標退休基金，最好也要放在稅負優惠的儲桶。

你可能會在哪裡找到目標退休基金？

目標退休基金已經成了雇主們提供的401(k)或是403(b)退休福利計畫的選項，概念來自於大多數的人對投資都沒什麼興趣。大體而言，這樣的思考很周全，而且目標退休基金提供了一種有效、簡單、均衡的「單一決策」方案。而且，由於這類的退休計畫都具有避稅功能，債券的利息與股票股利都不需課稅。當然，除了放在羅斯401(k)退休福利計畫或是羅斯個人退休帳戶之外，只要開始進行退休提領就會開始課稅。

你該做什麼？

要是你的公司退休計畫提供先鋒領航的目標退休基金或是其他基金公司的低成本相同產品，那麼當然值得你好好考慮。

要是你想要找一個盡可能簡單、但依然有效果的投資組合，目標退休基金就是為你而生，而且已經得到了本書蓋章認證。

第 17 章

要是你沒辦法購買先鋒領航的
整體股市指數型基金呢？
甚至連先鋒領航的產品都無法購買？

在這整本書當中，我都在推薦兩檔特定基金：

● VTSAX（先鋒領航的整體股市指數型基金）
● VBTLX（先鋒領航的整體債市指數型基金）

這是我自己購買的基金。這兩者都是那些投資組合中的「海軍上將」版本。所以他們擁有最低的費用比率，但同時也要求最低投資金額必須要有一萬美金。

雖然這些「海軍上將」版本最符合我的需求，但對你來說未必合用。也許你才剛開始起步，一萬美金的最低門檻依然太高，或者，你的401(k)退休福利計畫裡可能沒有這些基金。

先鋒領航也是我唯一推薦或是使用的投資公司，我們會在之後的章節探索原因。不過，也許在你所居住的國家、或是雇主給你的401(k)退休福利計畫，就是很難購得先鋒領航產品。

不用擔心，在這一章之中，我們會探討其他的替代方案。

這些基金的變體版本

首先要了解的是，不管是先鋒領航的整體股市指數型基金或是先鋒領航的整體債市指數型基金，分別持有的都是整體股市指數與整體債市指數，重要的是投資組合，而先鋒領航提供了同一投資組合的其他搭配選擇。舉例來說，先鋒領航的整體債市指數型基金的投資組合也可以在其他六檔基金中找到，或者，也就是先鋒領航所稱之為的「級別」。我會在下方列出名稱與最低投資金額。

前三個是屬於我們個人投資戶：

● 海軍上將股：代號VTSAX，費用比率0.05％／一萬美金

● 投資人股：代號VTSMX，費用比率0.17％／三千美金

● 指數股票型基金：代號VTI，費用比率0.05％

你想要購買多少數量的指數股票型基金都不成問題，它就像是股票一樣，注意費用比率只有0.05％，就與「海軍上將」一樣。某些人基於這個理由而偏好購買指數股票型基金，而不是「投資人股」基金。很合理，但是要小心。

買賣指數股票型基金的時候，就像是股票一樣，通常會牽涉到佣金以及／或是價差。除非你可以拿到免費交易的優惠，不然這些額外成本可能會抵銷你省下的費用比率。

接下來的這三個是「機構股」，你可能會在自己的401(k)或是其他的雇主贊助退休計畫當中發現它們：

- VITPX：0.02%／兩億美金
- VITNX：0.04%／一億美金
- VITSX：0.04%／五百萬美金

所以，當我推薦VTSAX的時候，其實只要是你在上述清單中可以買到以及／或是更符合自身需要的產品，都可以予以替換。重點在於你購買的是先鋒領航的整體股市指數型的投資組合。

同樣的變體版本也可以在先鋒領航的整體債市指數型基金及其整體債市指數型投資組合中找到。如果你查詢www.vanguard.com網站，找尋VBTLX，就會看到該檔基金的網頁，在最上方，基金名稱的底下，可以看到「投資人」與「指數股票型基金」變種版本的連結。

要是先鋒領航並非是你雇主提供的稅負優惠計畫的選項

先鋒領航機構提供了許多類似機構商業服務401(k)退休福利計畫的現行產品。不過，可能不在你所屬的計畫之內。但就算你雇主提供的稅負優惠計畫沒有提供先鋒領航產品，你依然還是可以參加，當然，數目必須要符合雇主的標準，等到你離

開了那間公司之後，就可以把投資放入有先鋒領航產品的個人退休帳戶。

所以，要是你的計畫中沒有先鋒領航產品，那麼問題就成了該怎麼做出最好選擇，現在你已經知道答案是低成本的整體股市以及／或是債券指數型基金。

好消息是——由於來自於先鋒領航的競爭壓力——幾乎所有的其他大型共同基金公司現在都提供了低成本指數型基金。正如同你在先鋒領航的整體股市指數型基金可以找到各種變體版本一樣，在你的401(k)退休福利計畫也可能會找到合理的替代方案，你要尋找的就是：

1. 低成本指數型基金。

2. 對於要持有數十年之久的稅負優惠基金來說，我個人對於整體股市指數型基金還是稍微偏愛一點，但找一檔標普五百指數型基金就夠了。

3. 要是你有個人需要或是偏愛，找一檔整體債市指數型基金也可以，大部分的計畫裡都有提供這種產品。

4. 401(k)退休福利計畫通常會提供目標退休基金，而且這也是極佳抉擇。但要把費用看清楚，它們總是比指數型基金高，有時候差距甚大。舉例來說，先鋒領航的目標退休基金的費用比率從0.14%-0.16%不等，而先鋒領航的整體股市指數型基金卻是0.05%，而其他公司的產品更可能會有五到六倍的差距。

給美國以外的讀者

要是你住在美國以外的區域，可能沒辦法買到先鋒領航或是它的產品。先鋒領航拓展迅速，如今在美國境外的許多國家都不成問題，各位可以查看網站：

https://global.vanguard.com/portal/site/home。

如果先鋒領航就是沒辦法成為你的選項，那麼當你在尋找基金時要遵循的原則，就是與上述稅負優惠計畫的綱領一模一樣。

此外，當我提到先鋒領航的整體股市指數型基金的時候，這些都是完全反映美國股市的指數。正如同我在第15章時所解釋的一樣，這是住在美國的我們所真正需要的一切，但你可能會發現要購買這種以美國為中心的基金很困難。

不要擔心，可以研究一下類似先鋒領航的整體世界股市指數型基金（VTWSX, Vanguard Total World Stock Index），這是一檔佈局全球的指數型基金，就某些方面來說，我喜愛它的程度更勝我深愛的先鋒領航的整體股市指數型基金。我之所以沒有推薦，純粹就是因為它的費用比率相當高（0.25%），而先鋒領航的整體股市指數型基金涵蓋的國際市場相當完整，而理由正如我在第15章時所陳述的內容。

要是你傾向走這條路徑，也許可以考慮成本比較低，代號VT的指數股票型基金版本。我通常會避開指數股票型基金，因為可能會有佣金以及／或是價差。不過，既然這款指數股票

型基金的費用比率是0.14%，而不是0.25%，那麼還是值得研究一下，購入的時候要小心交易費用就是了。

最後要提醒一點。無論你最後選擇哪一個全球基金，一定要確定它涵蓋了美國股市。它是全球經濟重要的一部分，不把它納入說不過去。許多「國際」基金——尤其是類似先鋒領航之類的美國公司所提供的那些產品——「排除美國股市」，也就是說，他們並沒有涵蓋美國為主的股市。他們之所以會有這樣的設計，是為了那些已經持有先鋒領航的整體股市指數型基金之類產品、已經進入美國市場的投資人。這也合理，但應該是不符合美國海外投資者的需求。

底線

如果我沒有辦法買到那兩檔特定基金（先鋒領航的整體股市指數型基金與先鋒領航的整體債市指數型基金），或是費用比率更低的機構版本，我會找尋同樣涵蓋先鋒領航股市與債市指數投資組合的其他變體版本。

要是我無法買入先鋒領航的產品，我會找尋只要是健全投資公司提供的類似低成本基金。

要是將來有機會的話，我就會把我的資產放入先鋒領航。

第18章

先鋒領航到底是怎麼一回事？

　　要是你已經看到了這裡，就會知道我是投資先鋒領航指數型基金的死忠支持者。真的，除非你別無選擇（如同先前在第17章的討論內容），不然我強力建議只需要與先鋒領航打交道就好。

　　想也知道，這種大膽建議鐵定會引發一些質疑，在這一章中，我們會解釋最常被問到的四大問題：

1. 到底是什麼讓先鋒領航如此特別？

　　當傑克‧柏格在一九七五年創辦先鋒領航的時候，他使用的是在當今投資世界中依然獨一無二的結構。先鋒領航是持有者所有，而且依照成本營運。

　　聽起來很不錯，但到底是什麼意義？

　　身為先鋒領航基金的投資者，你的利益與先鋒領航的利益完全一樣。理由很簡單，先鋒領航的那些基金——乃至那些基金裡的投資人——就是先鋒領航的持有人。

　　所有其他家的投資公司都得服務兩個老闆：公司持有者以及基金投資人。這兩者的需求未必永遠一致、甚或很難一致。

為了要了解差異，就讓我們看看其他投資公司（其實是大部分的公司）如何形成架構。基本上，有兩個選擇：

- 私人持有，就像是家族企業一樣，富達投資即為一例。
- 可以公開交易，由股東持有，普信集團即為一例。

在這兩種狀況下，持有者當然會預期投資能夠得到回報，而回報來自於每一家公司經營旗下共同基金所產生的利潤。這些利潤是扣除基金營運成本所剩的錢——而這些成本包括了薪資、房租、基本用品之類的項目。

當你持有某檔共同基金，是透過富達或是普信集團或其他投資公司，而非先鋒領航的時候，你等於支付了兩個部分，一個是自己的基金營運費用，還有落入基金公司持有人口袋裡的利潤。

如果我是富達或是普信集團的持有人，我當然會希望費用與產生的利潤越高越好；如果我是他們基金的股東，我當然希望那些費用越低越好。你猜最後呢？這些成本費用的設定是越高越好。

我必須要把話講清楚，這種模式基本上沒有問題，其實，大部分的公司都是靠這種方式在運作。

當你買了某支 iPhone 手機，最後的售價包括了設計、生產、運送、零售到你手中的所有費用，也包括了提供給蘋果股東的利潤。蘋果的 iPhone 定價策略是越高越好，符合成本、

期待的利潤、銷售量越高越好的目標，而一般投資公司也是如此。

在這裡的範例當中，我挑選富達與普信集團並非是要針對他們找碴。這兩家都是營運良好的公司，旗下也銷售不少優秀的共同基金。不過，由於他們必須為自己公司的持有人製造利潤，所以與先鋒領航相比，自然出現了成本的明顯劣勢，而所有的其他投資公司亦然。

對我們所有投資人來說，柏格的偉大之處，就是將他新創公司的所有權轉移到其所營運的共同基金。由於持有那些基金的就是我們這些投資人，透過我們所持有的部分，我們其實等於持有了先鋒領航。

靠著先鋒領航，只要是我們支付費用所產生的利潤、最後都會回到我們的口袋裡。因為這是一種有點愚蠢又迂迴的過程，更重要的是，它很可能會引發必須納稅的情形，所以先鋒領航的架構一直就是「依照成本」營運，也就是說，目標為收取最低的必要費用、支付這些基金的營運成本。

這種費用被稱之為「費用比率」，先鋒領航的平均費用比率是0.18%，而業界的平均數值是1.01%。現在聽起來差異不大，但久而久之的差異就會變得嚇人，而這也正是先鋒領航享有優秀表現與成本優勢的關鍵之一。

靠著先鋒領航，你就能夠擁有自己的共同基金——而且透過它們——還能擁有先鋒領航。你的利益與先鋒領航之利益完全相同，這種事罕見又美好，在投資界獨一無二。

2. 把自己所有資產全押在同一家公司，為什麼能夠這麼安然自在？

答案很簡單：因為我的資產並不是放在先鋒領航，而是先鋒領航的共同基金。透過那些基金、投資了它們所持有的個股與債券。就算先鋒領航炸裂（微乎其微的可能性），根本的投資依然不動如山，它們完全獨立於先鋒領航那間公司之外。正如同所有的投資一樣，這些基金也有風險，但並沒有任何與先鋒領航直接牽動的風險。

現在聽起來開始很複雜了，我知道你們只有極少數人關心這種事，許多深入的資料都可以利用 Google 找到。而我們的目的，真正重要的是接下來的事：

你不是投資先鋒領航本身，而是投資它所經營的一家或是兩家以上的共同基金。

- 先鋒領航共同基金的持有單位是單獨實體，它們的資產獨立於先鋒領航之外，每一個都有獨自的員工誠實保險債券，還有各自的董事會負責監控。就現實面來說，每一家都是各自營運的獨立企業，只不過是在先鋒領航的大傘之下。
- 先鋒領航裡面沒有任何一個人可以碰你的錢，所以也不可能有任何人可以拿它從事不法活動。
- 先鋒領航受到美國證券交易委員會所監管。

對了，如富達或普信集團的其他共同基金公司，亦具有上述特點。你的401(k)退休福利計畫可能會看到的那些選項，也一樣不成問題。

如果你有類似401(k)的雇主贊助退休計畫，但並沒有提供先鋒領航的基金，還是要想盡辦法丟錢進去就是了。正如同我們等一下在第19章中所討論的一樣，延後課稅與公司的配比贊助讓這些計畫變得非常吸引人，就算是表現欠佳的基金選擇與高昂費用也不成問題。

3. 萬一先鋒領航出包了呢？

好，我們講清楚，要是真如馬雅曆所預言的一樣，世界末日可能會在二〇一二年十二月二十一日到來，那麼你在先鋒領航（或是其他地方）所擁有的一切就會灰飛煙滅，不過，當然了，並沒有發生那種事。

要是某顆巨大隕石撞地球，造成全世界烽火連天，之後是核冬天到來，那麼你的投資也就全泡湯了。

要是外星生物到來，把我們全部抓起來——除非你提前買了人類飼育場的期貨——不然這件事一定會毀了你的投資組合。

但這都是不太可能發生的事，而且我們也無法控制，當然更不是本書的討論範圍。

說到這個，沒那麼嚴重的災難倒是可能發生。先鋒領航總部位於賓州的馬爾文，老天，要是馬爾文遭到恐怖攻擊呢？遇到駭客攻擊又該怎麼辦？颱風？流行病？大停電？

每一家大公司與機構都了解這些危險，也都創設了災難恢復計畫，先鋒領航是進展最完整的單位之一，公司遍布多個地點，而且它的資料儲存於多重備分系統。要是你真的在意的話，可以上他們的官網研究他們的全部計畫。

不過，要是你覺得會有行星墜毀甚或文明滅亡事件，先鋒領航並不適合你。但話說回來，其實是沒有任何的投資適合你，想必你已經把自家地下避難室塞滿了罐頭食品。要是你沒這毛病，可以把資產放在先鋒導航，睡得安安穩穩，我就是這樣。

4. 我是不是收了他們的酬勞？

本書是先鋒領航的超級鐵粉，所以要是問出這種問題也是理所當然，「我是不是收受他們的酬勞？」

沒有。先鋒領航並不知道我寫這些，他們也不是我部落格的廣告商，也沒有以任何方式支付我費用。

第 19 章
401(k)、401(b)、節儉儲蓄計畫、個人退休帳戶，以及羅斯儲桶

目前，我們在第二部當中已經探討了股市，還檢視了從我鍾愛的那兩檔重要指數型基金舉例的投資組合，以及目標退休基金，那些基金被我們稱之為投資。

不過，在我們的複雜世界當中，我們必須接下來思考的是，要把這些投資置於何處。也就是說，哪個投資工具應該要放在哪一個儲桶裡？401(k)退休福利計畫、個人退休帳戶以及類似的東西，它們本身並不是投資，了解這一點很重要。乾脆就把它們當成我們放置自己選擇投資的儲桶。一般說來，有兩大儲桶：

1. 一般儲桶
2. 稅負優惠儲桶

現在，我必須要向美國以外的讀者道歉，接下來的這三章會變得非常美國中心。

我完全不明白其他國家的稅務狀況以及／或是稅負優惠的儲桶。我的理解是，至少對各個西方民主國家來說，理應具有

許多類似之處。大部分的現代經濟體都對於投資之價值、而且鼓勵追求有所認知。希望這裡的資訊能夠幫助你推斷自己居住地的相關規定，要是沒有的話，直接跳過去無礙。

美國政府會對股息、利息，以及資本利得課稅，但它也創造了好幾個稅負優惠的儲桶鼓勵儲蓄存款。雖然立意良好，但卻搞出了前所未有的複雜層次。有許多書都以此為主題，而且也探討了與其相關的各種策略。顯然我們沒有時間與空間全部檢視，不過，所幸我可以對於每一種提供簡單解釋，並且加上要仔細思索的各種考量。

「一般儲桶」就是我們把持有的投資放在並不屬於任何稅負優惠計畫的儲桶裡面。就某種程度來說，根本就是沒有儲桶。利息報酬不需繳稅、也沒有完全機會予以延後繳稅的投資，放到那裡就沒錯，我們本來是怎麼持有，反正原封不動就是了。

所以我們會把已經「具稅負效率」的資金放在那裡。具稅負效率的投資通常是支付合格股息（符合稅負優惠股息）的股票與共同基金，而且可以避免支付必須課稅的資本利得分配。對於投資組合交易頻繁的積極管理型基金來說，這種分配很常見。而先鋒領航的整體股市指數型基金是一種具稅收效率的典型範例，它所配發的股息都很節制，而且大部分都「合格」，因為基金內的交易（買進與賣出）很少見，所以必須課稅的資本利得分配亦是如此。

「不具稅負效率」的投資就是那些支付利息、不合格股

息，以及會產生必須課稅之資本利得分配的投資，像是股票型基金、債券、定存，以及不動產投資信託。在理想狀況下，我們會想要把它們放在我們的稅負優惠儲桶，因為可以延後繳稅。

現在就讓我們檢視自己的三種投資工具，看看可能適合哪一種：

- **股票**：先鋒領航的整體股市指數型基金目前會給約2%的股息，大部分獲利屬於資本增值的範圍，它擁有具稅負效率優點，我們可以放在一般儲桶。不過，由於這佔了我們整體資產的一大部分，而且任何投資都能夠因為放在稅負優惠儲桶而受惠，所以我們也會把它放在我們的稅負優惠儲桶。
- **債券**：先鋒領航的整體債市指數型基金：債券與利率息息相關，除了可以免稅的市政債券之外，它們都得要進入我們的稅負優惠儲桶。
- **現金**：也與利率息息相關，但更重要的是，遇到緊急需求時可隨時取用，要放在一般儲桶。

以上這些都不是定論，也許會有例外。適當配置的重要性應該大於選擇儲桶，你的課稅級距、投資長短等因素，都會影響你的個人決定，但以上內容應該可以給予你考量這些選擇的基本架構。

在我們開始研究個人退休帳戶與401(k) 退休福利計畫之前，必須要注意這個重點：所有的稅負優惠儲桶都無法免除你的納稅義務，只能延後而已。你要牢牢記住，我們討論的是什麼時候支付應繳稅款，而不是能否逃稅。

等到開始提領的時候，就得要開始繳稅了。所以你要是在五十九歲半之前提領就會有罰金，到了七十歲半的時候（羅斯個人退休帳戶除外），必須要根據預期壽命的精算表格、被迫開始提領，這稱之為強制最低提款額（RMDs, Required Minimun Distributions），我們會在之後那一章深入探討。

千萬不要被這嚇到了，只要記在心裡就好。能讓投資以避稅方式長時間增長所得到的好處，絕對不能小覷。在絕大多數的狀況下，你都應該在符合法規的前提下盡量塞滿這些儲桶。

把稅負壓到最低的提領策略

值得各位注意的是，有許多策略可以想辦法在免稅，或者盡可能爭取到最低稅率的條件下取用這些錢。它們牽涉到要如何調整你的所得與投資收入，才能壓在個人退休帳戶建制的免稅範圍之下。所以雖然你提領的錢依法必須繳稅，但由於你課稅級距的關係，真正必須繳交的稅款可以壓到零。

控制在上限之下，也可以讓你有機會在不需繳稅的狀況下，能夠慢慢將傳統的個人退休帳戶轉到羅斯退休帳戶（這有時也會被稱之為「羅斯轉換階梯」），因此當你提領花費的時

候，就能避掉更多的稅。

在個人條件允許的狀況下，值得仔細考慮，在以下提供的那些網路貼文當中，你可以看到細節資料：

根據 www.gocurrycracker.com 網站的資料：

● 再也不繳稅：
  https://www.gocurrycracker.com/never-pay-taxes-again/
● 我與強制最低提款額的對決：
  https://www.gocurrycracker.com/gcc-vs-rmd/

根據 www.madfientist.com 網站的資料：

● 提早退休策略與羅斯轉換：
  https://jlcollinsnh.com/2013/12/05/stocks-part-xx-early-
  retirement-withdrawal-strategies-and-roth-conversion-
  ladders-from-a-mad-fientist/
● 傳統個人退休帳戶與羅斯個人退休帳戶的對比──最終
  戰：
  https://www.madfientist.com/traditional-ira-vs-roth-ira/
● 在沒有賺更多錢，也沒有減少花費的狀況下更早退休：
  https://www.madfientist.com/retire-even-earlier/

401(k)類型與各人退休帳戶類型帳戶還有許多變體，我們在這裡就關注基本類型，其他都是這些母樹的分枝。

以雇主為基礎的稅負優惠儲桶

有些儲桶是由你的雇主所提供，比方說401(k) 退休福利計畫。他們會選擇某間投資公司，提供一組投資方案任君選擇。許多雇主會依照你投入金額、提供相當數目的配比。而你可以提供的投入金額有其上限，二〇一六年的時候，上限是每個人每年一萬八千美元，或者，對於五十歲以上的人來說是兩萬四千美元。你可以投入一個以上的計畫（如果你有的話），但上限是總計，而不是分開計算。

總而言之：

- 都是好事，但已經不若過往。很可惜的是，許多運作這些計畫的投資公司逮住機會、利用它們拚命收取過高費用。這的確令人憤怒，很可惡，但能夠讓你的投資在免稅狀況下持續增長的好處，千萬不要錯過了。硬著頭皮，努力存滿就是了，我一直是如此。
- 所有雇主配比都是額外的好處。這是免費的錢，所以你自己投入的金額至少要充足，才能拿到滿額的配比。
- 除非先鋒領航剛好是你雇主所選擇的投資公司，不然你恐怕沒有辦法購買先鋒領航基金，但這也沒關係。

- 許多401(k)退休福利計畫都至少有一檔指數型基金的選擇。逐一檢視基金清單,找出那些費用比率比較低的選項,要是有的話,應該可以找到指數型基金。
- 當你離開雇主之後,可以把401(k)的部分投入個人退休帳戶,繼續保有它的稅負優惠好處。某些雇主也會讓你把自己401(k)放在他們的計畫之中。我的習慣是一定把它轉出去,這可以讓你擁有更多的控制權、更多的投資選擇,而且可以讓你避開那些可怕的費用。
- 你可以同時投入401(k)與羅斯401(k)這兩個計畫,但總數不能超過年度上限。

401(k) 與 403(b) 類型的計畫

- 你所投入的金額可以在申報所得時予以減免。
- 當你領錢出來的時候就要繳稅了。
- 五十九歲半之前的提領會罰款。
- 過了七十歲半之後,你的錢就屬於強制最低提款額。

羅斯 401(k)

- 比較新的計畫,還沒有非常普遍。值得將這裡的重點與我們等一下要討論的羅斯個人退休帳戶重點互相比較一下。
- 你所投入的金額不能在申報所得時予以減免。
- 你所有的投資獲利都是免稅。

- 五十九歲半之後的提領都免稅。
- 等到你到了七十歲半之後，強制最低提款額政策就開始生效。
- 參與計畫無收入限制。

節儉儲蓄計畫

也有為聯邦政府雇員提供的退休計畫，對象包括了軍人，可以直接把它們當成401(k)，但其實更好。

節儉儲蓄計畫並不像太多401(k)計畫變成的高額費用臭糞坑，它提供了一些雖然不是好到驚天動地──但還是很不錯──費用非常低廉的指數型基金。

我們看一下自一九九九年起的節儉儲蓄計畫費用比率政府走勢圖，在二〇〇七年的時候是低檔的0.015%，而二〇〇三年的時候是高檔的0.102%。根據政府官網的說法，之所以會有這樣的波動，是因為：「節儉儲蓄計畫這種費用比率，代表了參與者的投資報酬，去除節儉儲蓄計畫行政花費（靠沒收供款扣減）之後的總額。」

就連在他們最糟糕的時候，費用比例也非常之低──通常比先鋒領航的指數型基金產品更低，真的是超低！很划算。

有五個基本的節約儲蓄退休金基金：

- 複製標普五百指數的C基金。
- 複製小型股指數的S基金。

- F基金是某種債券指數型基金。
- I基金是一檔國際股市指數型基金。
- G基金持有的是專為節儉儲蓄計畫某一市場不可流通的短期美國公債。

75%的C基金搭配25%的S基金，這樣的平衡組合基本上就等於有了先鋒領航的整體股市指數型基金。但我個人是懶得這樣處理，我會只持有C基金，大功告成。

除此之外，還有L基金系列。這些是為了某一特殊時間期限設計，以其他五檔基金進行各種不同配置的「生命循環」基金系列。L基金系列非常像是我們在第16章所討論的目標退休基金。

節儉儲蓄計畫完全不燒腦。要是你運氣夠好能夠購買，買滿就是了。還有，在這種狀況下，由於費用超低，要是離開工作的話，我是絕對不會把它們轉入個人退休帳戶。

以個人為基礎的稅負優惠儲桶：個人退休帳戶

個人退休帳戶是除了你可能擁有的雇主贊助的401(k)退休福利計畫之外，你可以自行擁有的額外儲桶。你可以完全控制要為自己的個人退休帳戶選擇哪一間投資公司，以及進行何種投資。也就是說你也可以控制成本，避開那些收取超高費用的公司與投資項目，我是全壓在先鋒領航。

要投入資金，只能利用「所得收入」或是從某個雇主為基礎的計畫所轉入的錢。

一般來說，所得收入就是你工作的薪水。

個人退休帳戶一共有三種類型。就二〇一六年來說，投入上限是每年五千五百美元，或者，對於五十歲以上的人來說是六千五百美元。注意：這是除了你投入雇主為基礎計畫之外的額外金額。

至於401(k) 與羅斯401(k)，你可以投入一個個人退休帳戶與一個羅斯個人退休帳戶，但條件還是一樣，總額不能超過個人退休帳戶的每年投入上限。

可抵減的個人退休帳戶與羅斯個人退休帳戶都有參與的收入限制，不可抵減的個人退休帳戶則沒有。這些收入限制每年都不同，而且會依照報稅身分與雇主計畫的涵蓋範圍而出現不同變化。

可抵減的個人退休帳戶

- 從薪資投入的金額可用於報稅扣抵。
- 過了一定薪資等級之後，抵減會逐漸遞減。
- 所有的投資所得可延後繳稅。
- 開始提款就必須繳稅。
- 五十九歲半之前的提領會罰款。
- 過了七十歲半之後，你的錢就必須受到強制最低提款額的規範。

不可抵減的個人退休帳戶

- 薪資投入的金額不可用於報稅扣抵。
- 參與計畫無薪資限制。
- 所有的投資所得可延後繳稅。
- 當你開始提款的時候，任何股息、利息、資本利得就必須繳稅。
- 原始投入金額不需課稅，由於這些數額是來自於「稅後」的錢，已經被課過稅了。
- 上述那兩點表示你得要為了到期繳稅而必須另外記錄，也增加了複雜度。
- 五十九歲半之前的提領會罰款。
- 過了七十歲半之後，你的錢就必須受到強制最低提款額的規範。

羅斯個人退休帳戶

- 薪資投入的金額不可用於報稅扣抵。
- 過了一定薪資等級之後，投入的適格度會逐漸遞減。
- 所有投資所得免稅。
- 五十九歲半之後的所有提領都是免稅。
- 原始投入的金額可隨時領取，不需罰款也不需要繳稅。
- 從一般個人退休帳戶轉入五年之後，提領當初的投入金額，不需罰款也不需要繳稅。

- 為了第一次購屋或者、或是為自己以及／或是子女之大學教育費相關支出，可以隨時提領，金額無限制。
- 無強制最低提款額。

總之，這些內容可以歸納為以下重點：

- 401(k)／403(b)／節儉儲蓄計畫＝立即稅負優惠與免稅的投資成長。無薪資限制意味對於高所得者而言、稅額減免變得相當有吸引力。不過，領款的時候必須納稅。
- 羅斯401(k)＝沒有立即稅負優惠，有免稅的投資成長，提領時不需納稅。
- 可減扣的個人退休帳戶＝立即稅負優惠與免稅的投資成長，但提錢的時候必須納稅，過了一定薪資等級之後，抵減會逐漸遞減。
- 不可抵減的個人退休帳戶＝沒有立即稅負優惠與免稅的投資成長，還有額外的複雜度。開始提領的時候，只有帳戶收益的部分需要納稅，投入無薪資限制。
- 羅斯個人退休帳戶＝沒有立即的稅務優惠與免稅的投資成長，提領不需納稅。真要說的話，就是一個較優的不可抵減的個人退休帳戶。不過，過了一定薪資等級之後，投入的適格度會逐漸遞減。

好，要是你一直很專心的話，可能會覺得「吼靠！這個羅

斯人退休帳戶看起來非常划算。其實，它看起來甚至違反了柯林斯先前交代我們要牢記心中的原則：『這些都無法免除你的納稅義務，只能延後而已。』」的確，但這就像是生命中的許多事物一樣，鐵定有圈套。

雖然你投入羅斯帳戶的錢的確能夠享受免稅的投資增長，而且提領的時候依然免稅，但你必須貢獻出「稅後」的錢。也就是說，是你已經付過稅的錢，這一點很容易被人輕忽，但其實是相當實際的考量。

我們就這麼看好了。假設你今年想要在你的個人退休帳戶存入五千美金，而你是25%的課稅級距，想要存滿你的可減扣的個人退休帳戶，只需要五千美元，既然它可減扣，你就不需因此而繳納任何稅款。

不過，要是放入羅斯帳戶，你就需要六千兩百五十美元：一千兩百五十美元是拿去支付稅款，然後還剩下五千美元存入這個羅斯個人退休帳戶。現在，一千兩百五十美元永遠消失了，而它可能為你賺入的多年複利獲利亦是如此。

然而，要是你存入的帳戶是可減扣的個人退休帳戶，而不是羅斯帳戶，那麼你還是擁有這一千兩百五十美元，可以放在課稅帳戶進行投資。當然，這還是得受到你的百分之二十五課稅級距的規範。繳稅之後，你還剩下九百三十七點五美元可以投資（一千兩百五十美元乘以75%等於九百三十七點五美元）。

很好奇之後會如何吧？記得從一九七五年一月到二〇一五

年一月這四十年當中，標普五百的年報酬率平均是11.9%[13]：

每年投資九百三十七點五美元
三十年乘以11.9%的複利終值
＝二十二萬一千九百零九美元[14]

當然，要是你沒辦法將那筆省下的稅拿去投資，你就會喪失優勢，那麼羅斯會是比較好的選擇。

在羅斯帳戶裡存錢，心情可能很爽快，現在先繳稅，之後一了百了，但它可能不是最佳的理財策略。

由於我是懷疑派，而羅斯的長期稅負優惠實在太吸引人了，我開始思考是不是有哪裡不對勁。尤其這是長期投資，而政府似乎可以在一瞬之間改變規則，所以我想到了兩大可能的威脅：

1. 政府大可以輕易改變規則，宣布羅斯個人退休帳戶裡的錢必須課稅。但我對這一點是存疑，羅斯個人退休帳戶的普及率如此之高，持有的人這麼多，就政治面考量是越來越不可能，政客們萬萬不想從選民手上奪走任何東西。

13　＊ http://dqydj.net/sp-500-return-calculator/（使用：股息再投資／忽略通膨）

14　＊＊ http://www.calculator.net/investment-calculator.html（點選「最後總額」頁籤）

2. 比較可能的狀況是，政府找到其他方式對裡面的錢課稅。美國內部對於設立全國營業稅或增值稅的聲浪越來越大，雖然這兩者有好處——尤其是可以作為所得稅的某種替代物——但只要花羅斯帳號裡的存款的時候，其實就等於對其課稅了。

仔細考量這一切因素之後，這是我佈局投資金額的基本架構：

1. 要是有401(k)退休福利計畫的話，存入的金額要能拿到雇主的滿額配比。
2. 如果你收入夠低，幾乎不用繳或完全不需要所得稅，那麼就全力存滿羅斯帳戶。
3. 要是你的所得稅稅稅率開始升高，存滿的帳戶應該是可減扣的個人退休帳戶，而不是羅斯帳戶。
4. 繼續使用這個一開始就投入的羅斯帳戶，反正任由它繼續增長就是了。
5. 盡量存滿401(k)類型的退休福利計畫。
6. 要是你沒辦法投入可抵減個人退休帳戶或羅斯個人退休帳戶的話，可考慮存入某個無法抵免的個人退休帳戶。
7. 要是還有剩下的錢，放入你的課稅帳戶。

我們就拿以下這個建議來作為這一章的收尾，只要可能的

話，就把你的401(k)／403(b)（不是節儉儲蓄計畫）帳戶內資產轉入你的個人退休帳戶。通常是在你離開雇主的時候會採取這個舉動。我們也已經看到了，雇主計畫總是充滿了過高費用，而且你的投資選擇受到限制，但要是在你的個人退休帳戶，掌控權就寬廣多了。

就我個人而言，要是我的雇主牽涉到我投資內容的期限、超過了我必須忍受的範圍，我就會陷入些微恐慌。只要一有機會能把自己的401(k)退休福利計畫裡的錢轉到個人退休帳戶，我一定立刻處理。

最後一個小提醒。我們在這章當中碰觸了一點稅法的部分。雖然在撰寫本書的時候，這些都是最新資訊，但要是你在出版數年之後、看到了這本書，想必已經有了變動。基本原則應該可以維持一段時間，不過，當你在閱讀這本書的時候，要注意在你看到書的那一年，那些特定的數字是否依然適用。

第20章
延後繳稅彩虹終點的可怕驚嚇

　　總有一天，要是一切無恙，你會一早起來，發現自己已經到了熟老的年紀，七十歲半。希望你屆時身體硬朗，起床，伸懶腰，迎向下一個依然健在於世的快樂日子。你曾經努力打拼，存錢投資，現在富足安穩。由於你曾經努力存填自己的稅負優惠的帳戶，這麼多年來，大部分的財富應該是都放在那些可延後繳稅的帳戶裡。要是你之前搞不清楚狀況，到了那一天，就會總算完全了解那個語詞當中「延遲」的真義。因為你的山姆大叔早就準備宰殺，他覺得自己已經等得夠久了。

　　除了羅斯個人退休帳戶之外，我們在第19章所提到的所有稅負優惠儲桶，一等到我們到了七十歲半之後，都有強制最低提款額，因為這是政策內容的一部分，實施日期是在七十歲半。基本上，聯邦政府的意思就是這樣，「好，我們一直很有耐心，但現在也該付我們錢了！」是也合理沒錯。不過，對於花了數十年建立財富的本書讀者來說，當那一刻到來的時候，很可能是那些帳戶裡的一大筆錢。要是依照政府的時間表領出強制最低提款額，隨隨便便就會把我們推向最高的課稅級距。

　　沒有錯，等到你到達了七十歲半、從個人退休帳戶、401(k)、403(b)退休福利計畫之類的帳戶提款，就再也不是自

由選項了。你要是沒有領滿的話，很可能得支付50%的罰金。要是沒有提領足額，政府可以拿走你不足款項的一半。沒錯，他們會拿走你一半的錢，你絕對不會想等閒視之。

好消息是，要是你是靠類似先鋒領航的公司持有這些帳戶，他們可以幫你進行設定，讓這些提領變得簡單，完全自動化，就算這樣也是很痛苦。他們會計算正確金額，匯到你的銀行帳戶、貨幣市場、課稅的基金，或者就是你自己依照期程所選定的任何地方。但要記得確定每年都要及時從稅負優惠帳號裡領出足額的強制最低提款額。

那麼壞消息是有多恐怖呢？好，網路上有許多計算器，可以讓你輸入自己的確切金額、精算自身狀況。先鋒領航有他們自己的計算器，但類似富達與普信集團的公司也有。為了要讓你知道這種損失可能會是什麼狀況，我利用富達的計算器得到了下列的數據範例。

他們會詢問你的生日、你在某個特定日期（我是輸入二〇一三年十二月三十一日）的帳戶金額，然後選擇粗估的報酬率。我選擇的是一九四五年一月一日，金額數目是一百萬美金，報酬率是8%。對，這當然不是我的真正生日。

那個計算器立刻給了我逐年的結果，以下是範例之一：

年份	強制最低提款額	年齡	餘額
2015	39,416美元	70	1,127,000美元
2020	57,611美元	75	1,367,000美元
2025	82,836美元	80	1,590,000美元
2030	116,271美元	85	1,742,000美元
2035	154,719美元	90	1,750,000美元

好消息是，就算真的提領出了這些錢，我們帳戶的總額依然會持續增加。不過，正如我們先前所提到的一樣，這些都是假設狀況。市場表現可能會優於8%，也可能不到8%，但很可能無法達到每年固定8%的穩定表現。

而壞消息就是，我們不只得要為這些提領金額納稅，而這些數字還可能把我們往上推一個課稅級距，或是兩個。當然，這要看你從其他投資、社會安全福利金、退休金之類的項目轉入了多少收入。

為了要提供你基本參考架構，我把二〇一六年的已婚合併申報級距列出來：

0到18,550美金	10%
18,551美金到75,300美金	15%
75,301美金到151,900美金	25%
151,901美金到231,450美金	28%

231,451美金到413,350美金	33%
413,351美金到466,950美金	35%
466,951美金以上	39.6%

　　根據這個架構，我們可以看得出來就算是沒有其他收入，到了九十歲的時候，光是這筆強制最低提款額的十五萬四千七百一十九美元就會讓我們進入28%的課稅級距，而且這數字還僅是一百萬美元起跳。許多在二十多、三十多、四十多歲的年紀開始運用書中原則的讀者，到了七十歲半的時候，累積的總額超過這數倍之多絕對是輕而易舉之事。

　　這裡有件事值得注意──這一點讓許多人搞得頭昏腦脹──這並非表示繳款金額是十五萬四千七百一十九美元的28%，而是只需要支付超出十五萬一千九百美金金額門檻的那筆金額的28%，剩下的錢則是依然按照底下那幾個級距計算稅額。要是他們的其他收入害他們跨過了二十三萬一千四百五十美元的門檻，到達了33%的課稅級距，好，超出的金額就說是一美元好了，那麼他們也只需要為那一美元付出33%的稅。

　　要是你把強制最低提款額當成最後一筆進來的錢，舉例來說，如果他們的其他收入是七萬五千三百美元，直接就讓他們跳到了25%的課稅級距，而強制最低提款額這筆數字的適用稅率將是25%甚或以上。

　　這些都是在尚未減除任何扣抵額與免稅額的數字，而那些

額度將可以幫助你減少應納稅的金額。雖然探討這一切可能的變化已經超過了本書的範圍。但我們還是可以舉例觀之。在二〇一六年的時候，夫妻的標準扣除額是一萬兩千六百美元，而個人的免稅額是八千一百美元（每個人是四千零五十美元），其實這就表示他們並不會達到25%的課稅級距，除非他們的調整後總收入到達了九萬六千元（九萬六千元減去八千一百元減去一萬兩千六百美元＝七萬五千三百美元）。

所以我們是不是可以採取什麼行動？有可能。

假設你退休的時候，課稅級距往下降，那麼從這一刻到你七十歲半之間，還有一扇機會之窗。我們就先以某對六十歲退休的夫婦為例，而套用的是以上的那些數字，那麼在他們到達七十歲半之前，還有十年的時間可以降低410(k)／個人退休帳戶內的資產。他們是夫妻，而且合併申報，就二〇一六年來說：

- 只要壓在七萬五千三百美元以下，就可以安全落在15%的課稅級距。
- 個人免稅額是四千零五十美元，或如這對夫妻，共計是八千一百美元。
- 還有一筆可觀的標準扣除額一萬兩千六百美元。
- 把這些加總起來，只要他們的收入壓在九萬六千美元以下，就不會被推到25%的課稅級距。

要是他們的收入不到九萬六千美元，那也許可以認真考慮將差額從他們的個人退休帳戶以及／或是401(k)帳戶移出，完全落在15%的課稅級距。15%是很低的稅率，值得鎖定在這個區間，尤其在接下來的十年當中，他們的課稅級距很可能是這數字的兩倍甚或更高。的確，他們會損失必須繳納的稅款，還有它可能賺到的收益——正如同我們在前一章比較羅斯與可抵減的個人退休帳戶的討論內容一樣——但我們現在討論的只是十年的時間，而不是數十年的成長損失。所以，他們要是有五萬元的課稅所得，可以領出四萬六千美元，讓總額變成九萬六千美元。他們可以把這筆四萬六千元的金額放在自己的羅斯帳戶、一般儲桶投資，或是乾脆直接花掉。我的建議是把它轉入某個羅斯帳戶，其實我自己就是如此。

　　你不需要等到自己六十歲，甚至是完全退休的時候再採取這個舉動。只要離開了支薪工作，收入下降，這就是一個值得考慮的策略。不過，要記得一件事，

　　你距離七十歲半的時間越遙遠，那麼你今天所付出的稅款、還有它可能在這些年為你賺到的收入就會更高。

　　這一點沒有解方。要是你已經很接近七十歲半，你的401(k)帳戶／個人退休帳戶金額很低，那就乾脆放在那裡就好。不過，如果很高的話，那就開始慢慢領出，即便是必須要付25%的稅率，也算是合理的舉動。關鍵是要知道這種可怕逼人的強制最低提款額的力道猛烈，才能夠盡可能依照自己的狀況承擔衝擊。

必須再說一次，我們在這一章當中碰觸了一點稅法的部分。雖然在撰寫本書的時候，這些都是截至二〇一六年時的資訊。等到你看到這本書的時候，法規可能發生了變動，要注意在你閱讀本書的那一年、那些特定的數字是否依然適用。

第21章

健康儲蓄帳戶：
支付你醫療帳單的方法不止一種而已

　　美國醫療界已經發生了巨大變化。雖然大家對於這些改變的看法不一，但有一件事我倒是很篤定，就是接觸並選擇高自付額醫療保險計畫的人數應該是越來越多。這些計畫基本上就是允許你以「自我保險」的方式負擔部分醫療支出換取比較低的保費。

　　以往，醫療保險計畫幾乎都是收取極低自付額，然後支付自付額之外的幾乎所有的醫療支出，那已經是美好舊時光的事了。

　　由於醫療費用一飛沖天，所以保費金額也需要配合這樣廣泛的保險範圍。現在，以被保險人必須承擔部分風險的方式，這種高自付額醫療保險計畫就能夠以更能讓人負擔的費率提供治療可怕疾病與傷害的保險。而被保險人則必須負責每年自掏腰包負責第一批醫藥費用，通常是五千美金到一萬美金。為了要讓這樣的方案更讓大家能夠負擔、更具有吸引力，健康儲蓄帳戶（HSAs, Health Savings Accounts）也應運而生，可幫助大家處理這些自付額費用。

　　基本上，這些就像是負擔你醫療支出的某種個人退休帳

戶，接下來我們就會發現，它們被建構的方式創造出某些非常耐人尋味的契機。

截至二〇一六年為止，有了健康儲蓄帳戶，你每年個人最高撥入的金額最高是三千三百五十美金，全家人則是六千七百五十美元，如果你屬於五十五歲以上的族群，每一個符合年齡資格的可以另加一千美金。

這就與個人退休帳戶一樣，你能夠以稅前的錢存入帳戶。或者，可以換另外一種說法，你投入的金額可以得到稅額抵減。無論你收入多少，或是你擁有其他可能也會投入金額的稅負優惠帳號，都可以開立健康儲蓄帳戶，以下是幾個重點：

- 你必須要參加某項高自付額醫療保險計畫，才能夠擁有健康儲蓄帳戶。
- 你投入的金額可以獲得稅額抵減。
- 要是你運用的是雇主的薪水抵減計畫，那麼你投入的金額不需負擔社會安全與聯邦醫療保險的稅金。
- 你可以隨時取款支付合格的醫療支出，不需繳納稅金與罰金。
- 只要是沒有動用到的錢都可以繼續提領。
- 合格的醫療支出包括牙醫與配鏡，還有最近已經不屬於醫療保險範圍的諸多項目。
- 你可以利用自己的健康儲蓄帳戶支付配偶與受撫養人的醫療支出，就算他們不在你的保險計畫裡也一樣。

- 如果你因為醫療支出以外的理由提領，那麼就必須納稅，而且還必須要繳交20%的罰款。
- 但要是你已經超過了六十五歲，或者已經是永久失能，就只需要繳稅款而已。
- 你死亡之後，配偶可以繼承你的健康儲蓄帳戶，這就會變成他或她的帳戶，而且享有同等福利。
- 如果繼承者是子嗣而非配偶，那麼它就會轉為一般收入，因此也會遭到課稅。

雖然健康儲蓄帳戶經常會與彈性消費帳戶（FSAs, Flexible Spending Accounts）搞混在一起，但這兩者截然不同。關鍵差異在於懦弱使用彈性消費帳戶，每年度存入帳戶，但沒有用完的任何數額會全遭沒收。而放在健康儲蓄帳戶裡的錢以及它所帶來的收益，除非你動用，不然都一直是你的錢。

我們所討論的是一種非常好用的工具，對於能夠持有的人來說，自然也值得好好累積資金，不過，除了上述的保證之外，應該還可以加入深夜的置入型電視節目會使用的話術……

「等等，還不止這些！」

以下是額外的幾項重點：

- 有了健康儲蓄帳戶，不需要支付醫療費用。
- 如果可以選擇的話，那就自付醫療帳單，任由健康儲蓄帳戶的資金不斷增長。

- 只要你留存醫療支出收據，隨時可以從健康儲蓄帳戶提領，不需支付稅款與罰金，就連多年之前的收據也一樣。
- 打算以這些錢支付目前醫療費用的最好方式（就與你打算要在短期使用的那些錢一樣），就是放在某個有聯邦存款保險的投保銀行儲蓄帳戶。
- 不過，你的健康儲蓄帳戶資金可以隨意運用，比方說購買類似先鋒領航的整體股市指數型基金產品。
- 等到你到了六十五歲之後，無論基於什麼目的而停領都不需要罰款，但還是得納稅，除非是作為醫療用途才能免稅。

當我們好整以暇往椅背一靠，思忖這一切的時候，某個有趣的選項出現了。假設我們把健康儲蓄帳戶存好存滿，並且這筆錢投資在低成本的指數型基金呢？

然後，我們以自付方式繳掉醫療帳單，小心翼翼保留收據，就讓健康儲蓄帳戶在免稅狀況下得到數十年的複利成長。

其實，就這樣看來，我們等於有了一個可以免稅提領的羅斯個人退休帳戶，還有一個可以投入金額獲得抵免的一般個人退休帳戶，都是這兩個領域的首選。

要是我們真的需要那筆錢支付醫療費用，其實它還是在那裡。但要是沒有這個需求，那麼它就可以在免稅狀況下持續成長，最後的數額可能會相當龐大。等到我們準備就緒，就可

以拿出我們的收據，從我們的健康儲蓄帳戶申請退費，不需要繳交任何稅款，要是有任何餘額就留待未來使用。如若我們有幸保持健康，那麼過了六十五歲之後，我們就可以任意提領使用，就像是我們的個人退休帳戶與401(k)退休福利計畫一樣，只需要繳交應付稅款即可。

至於前一章提到的那些惱人強制最低提款額呢？好，目前法規對此依然沒有任何表態，非好即壞，我們也只能期盼好運了。

最基本的道理就是，只要運用高自付額保險計畫的人，就應該要找健康儲蓄帳戶存款，它的好處就是這麼強大，千萬不能置之不理。

如果你研究之後，決定要選擇這條路，就可以把它轉換為極為出色的投資工具，我大力推薦。

第 22 章

個案研究：
將通往財富的簡單之路付諸實行

　　目前我們已經討論了自行營造通往財富的簡單之路的各種概念與策略。對於剛剛起步的少數讀者來說，予以執行應該是十分容易，但大多數的讀者一定早就進入自己的理財之路了。也許你曾經犯下了某些錯誤，手中持有某些後悔莫及的投資；也許你底下的資產太過多樣化，現在才驚覺不需要搞得那麼複雜。反正，你手上已經有了一些必須要重新考量的項目，你可能會想要問：要怎麼將這些理念落實在現實世界之中？

　　顯然我沒有辦法回答每一位挑選本書的讀者，不過，在這一章中，我將會擷取 www.jlcollinsnh.com 網站裡的某名真實讀者的個案研究與各位分享。

　　為了本章目的之需要，我已擅自先行濃縮了這名讀者的問題與狀況，為了清晰好讀，也進行了一些修編。除此之外，從他那裡引述的段落其實全都摘於他自己所說的話。

他的話：

「我二十六歲，剛從大學畢業，決定要好好理財。我很幸運，找到了好工作，沒有債務。現在正努力儲蓄自己的緊急專戶。（大約是收入的24%）

「我的祖父母早就在每一個孫子出生的時候就準備了投資基金，多年來一直是由某名財務顧問負責管理，而你的部落格貼文證實了我的想法，要是我自己來，績效一定更好。目前那筆錢一共是三萬五千美元，分散在十二個不同的共同基金裡面。

「我祖母並不記得我帳戶一開始是多少錢。只要有孫子出生，她就會存入第一筆錢，數字與年紀較長的孫子帳戶裡的金額一樣。最早的紀錄是一九九四年。當時帳戶裡大約是六千七百美元，然後我的祖父母每年會加一百美金，累積到大約兩萬五千美金之後才停止。到了一九九四年的時候，這些基金一半是股票一半是債券（我祖父在大蕭條時代長大，無法全然信任股票）。

「我的雇主給我了某個403(b)退休福利計畫，而他們的配比最高可達2.5%。目前，我已經投入了薪水的3%，而先鋒領航的整體股市指數型基金是裡面的投資選項之一。

「我的收入是每年稅前七萬美元，現在我可以存下薪資的24%。我的目標是希望維持在20%左右，但要是有其他款項得準備，恐怕得掉到15%左右。我還沒有真正好好思考過要什麼

時候退休的問題。能早退休一定很棒，但我其實還沒有確切設定那樣的目標。

「我想我也會自己準備一個羅斯個人退休帳戶。

「我想要解決那名財務顧問與那些共同基金，全數投入先鋒領航的整體股市指數型基金，可有什麼建議？對於之後會牽涉到的稅務問題，我不是十分了解。要是我有錯的話，就麻煩您糾正了，但我打算將五千五百美元放入羅斯帳戶，其他的則是放在某個傳統帳戶。要是把投資放入我的 403(b) 退休福利計畫、羅斯個人退休帳戶，還有我投資先鋒領航的整體股市指數型基金日常帳戶，如此是否可行？

「投資基金的最佳方式是什麼？扣除了我的緊急專戶存款，以及轉到先鋒領航的整體股市指數型基金日常帳戶的費用之後，大約每個月還有一千美金。我是應該要每個月存入？抑或是一次存入大筆金額？我聽說過平均成本法，但還沒有仔細研究。

「感謝您的寶貴意見與撥冗回應。」

我一開始的回應是這樣：

「在我們開始之前，先恭喜你。不，對象不是你，而是你的祖父母！！值得給予大聯盟重要時刻的喝采，請把我的話轉告他們。

「他們為你與其他孫子提供了這種種子資本，告訴了我好

幾件事。他們有資源，而且這意味他們對自身財務負責，對自己的生活管理有效率。他們很慷慨，還有，看到你的問題與計畫，顯然他們也把這樣的思維傳給了子嗣。要是你還沒有請他們外出用餐、舉杯向他們致敬，那麼趕快去做，要是已經做過了，那就再做一次。」

考量他的狀況，我們已經有了建立財富的良好基礎：

1. 三萬五千美金。
2. 年薪七萬美元，儲蓄24%，或者可以說是每年一萬六千八百美元。
3. 他接下來打算繼續維持20%的儲蓄率，或者可說是一年一萬四千美金。各位之後可以看到，我會想要說服他提高儲蓄率。
4. 他找到好工作，還有一個願意提供某個403(b)退休福利計畫的雇主。
5. 零負債。
6. 他還不確定何時退休──二十六歲的年紀，當然不意外──但他已經明瞭「Ｘ我不幹了的專戶」的重要性。
7. 他想要知道該如何繼續投資，還有平均成本投資法。

我們先討論要選擇什麼樣的投資。

他很幸運，他雇主的福利計畫有先鋒領航的選項。他現在

靠著先鋒領航的整體股市指數型基金，這一點完全正確。其實，我們會把他所有的投資都押在這裡。他目前處於累積財富階段，這是達成任務的合適工具。

在第17章中，我們已經知道持有這一檔基金的投資組合有三種方式：海軍上將股、投資人股，還有VTI。VTSAX是海軍上將股，雖然成本最低，不過最低購入金額是一萬美金。VISMX的投資組合一樣，但成本稍高，而最低購入金額是三千美金。只要是條件不成問題，就該投入海軍上將股，萬一剛起步有需要，那就是投資人股，等到數額到達了一萬美金，先鋒領航會自動將它轉換到成本較低的海軍上將股。

我們也都已經知道了，這一檔基金所給他的投資組合，等於讓他持有了美國的所有上市股票。由於許多企業的營運廣布全球，所以他也就投資了國際股市。有了這項投資工具，他就能夠靠著最有利的累積財富資產：股票，得到多樣化的佈局。此種100%配置股票的策略被視為相當積極，而這正是我們在這個階段應有的作為。但必須要注意，各位看了先前的章節也已經很清楚了，想必這會是一條令人擔憂不已的狂亂道路。既然如此，他會堅守計畫繼續投資，堅挺度過。在二十六歲這種年紀，前頭還有幾十年的時光在等著他。

到了某個時候，他會開始思考退休的事。

他必須等到六十五歲才能退休，不然，他也許可以大約在三十五歲左右的時候，靠著擁有「X我不幹了的專戶」達成目標。無論那個時點何時到來，當他接近那個階段的時候，他就

會想要考慮把資產分散於債券之中。不過，現在處於累積財富階段，股票才是他金錢的歸屬地，而先鋒領航的整體股市指數型基金就是擁有股票的最佳管道。

接下來，我們可以研究一下他有哪些投資儲桶，討論該如何在裡面配置他的先鋒領航的整體股市指數型基金。各位一定會想起我們選擇持有投資項目的那些儲桶，依照有利程度排列，這些儲桶分別是：

1. 他的403(b)。既然他在大學工作，所以他有403(b)，而不是一般私人企業常見的401(b)。他打算投入薪水的3%，可以享受延後繳稅的好處，而且他的雇主會配比2.5%，那是免費的錢！當然是第一首選。

2. 可減扣的個人退休帳戶。這很像是他雇主的計畫，他的投入金額可以抵減，而且能夠延後繳稅。不過，重點好處是他可以充分掌握自己的投資選擇，而不虞侷限在他計畫所提供的那些選項。他可以在先鋒領航開自己的個人退休帳戶，然後可以選擇VTSMX／VTSAX。

   既然他的403(b)選項非常優越，那麼就他的狀況來說，這一點就沒那麼重要了。但是在許多雇主為基礎的計畫當中，可供選擇項目並沒有這麼理想。如果你的是這種計畫，那就運用第19章提到的綱領、找尋最符合整體股市指數型基金或是標普五百指數型基金的產品，大部分的計畫都有這些

版本。想辦法存好存滿、符合公司配比的上限。然後，再轉入自己的個人退休帳戶。

目前，個人退休帳戶投入的上限是五千五百美元，他應該要盡量填滿才是，稅負優惠太好用了，千萬不能置之不理。

3. 回到他的403(b)。現行法律能夠讓他每年至多投入一萬八千美元到他的403(b)帳戶，而以3%計算，他目前只放了兩千一百美元，所以還剩下一萬五千九百美元的投入空間。

由於他只打算存收入的20%／也就是一萬四千美元，所以他應該可以再放六千四百美元到他的403(b)帳戶：兩千一百美元＋五千五百美元＋六千四百美元＝一萬四千美元。但正如同我先前所提到的一樣，我們打算說服他多存一點。

所以他可以把他的403(b)帳戶存好存滿，除了原有為配合雇主配比的兩千一百美元之外，再補入一萬五千九百美元，湊到一萬八千美元。再加上準備要進入個人退休帳戶的五千五百美元，那總數就是兩萬三千五百美元，這樣的儲蓄率是33.57%。

現在，值得注意的是，我計算這些儲蓄率的基礎是他的稅前收入。有些人會認為使用稅後收入比較好，因為那才是他真正在手上可花用的錢。但是稅負非常複雜，而且同一筆稅前收入和稅後收入很可能會出現巨大差異。使用稅前收入純粹就是比較單純，而且，這樣一來就等於鼓勵多存一些

錢，也更加符合本書的道德精神。

　　對於認真想要達到財務自由的人來說，絕對不能放棄任何延後繳稅的機會，這是一定要做到的基本原則。只要開始採取行動之後，就可以讓你達到可觀的儲蓄率。不過，當然不能在此止步。

4. 一般儲桶。這是我們在稅負優惠儲桶之外處理一般投資的地方。他必須要每年繳交股息與資本利得分配的稅金，不過，這裡的錢與稅負優惠帳戶不一樣，可以隨時提領，不會有任何罰款，等到他把手中現有的十二檔基金賣光之後——假設這是它們的現值——他必須負擔資本利得稅款。由於這筆錢的數額相對算小，而現在的資本利得稅款也相當低，完全不需擔憂，可以夜夜好眠。不過，如果數額高得驚人，這樣的決定就會比較複雜，就這個狀況看來，必須要審慎分析目前的投資，還有應負稅金的成本比例。

　　好，目前是這樣：由於他要建立緊急專戶，他的儲蓄率目前是24%，而他預計要降至20%，與一般美國人相比，這樣的數據相當優異；與他的預期相比，他應該要考慮多加把勁，我的建議是儲蓄率50%，但還必須準備「X我不幹了的專戶」的其他款項，所以儲蓄率到70-80%之間也很正常。

　　光是零負債、有儲蓄，而且定期投資這一點，已經讓他顯得一枝獨秀。他有工作、年輕，而且沒有小孩，現在是邁向下

一階段的最有利位置。最起碼，他應該能夠避免「生活方式通貨膨脹」，保障會讓日後加薪的金額進入投資項目。如果他現在就開始這麼做的話，他將來的問題將是要如何花費這些錢為他所賺進的財富。

好，既然我們已經掌握了要點，那就靠這些數字來研究以下這兩種選擇。

第一種選擇：24%的儲蓄率

他想要把儲蓄率降到20%，我們就忘了這件事吧，因為要是這麼做的話，他就無法達到他的理財目標。

他一開始的時候是靠祖父母的三萬五千美元，然後立刻移入先鋒領航的整體股市指數型基金，如有需要的話，繳付資本利得稅款。我們先前已經知道過去這四十年（一九七五年一月——二〇一五年一月）來的每年股市平均報酬率是11.9%[15]。要是以這種速度，他每年的錢都可以變成兩倍。等到他六十二歲的時候（三十六年之後），將會增長將近六倍之多。迅速計算一下，就算他根本再也不存入一毛錢[16]，最後的數目也會超過兩百萬。等到他六十八歲的時候，又會再次倍增，到達三百九十萬美元，這就是複利的威力。我剛剛是不是說他應該要請他祖父母吃晚餐？

15　* http://dqydj.net/sp-500-return-calculator/（使用：股息再投資／忽略通膨

16　** http://www.calculator.net/investment-calculator.html（點選「最後總額」頁籤）

要是你在這段過程中繼續加碼，就和他一樣，那麼績效會更猛。靠著他現在的24%儲蓄率，年薪七萬，一年就可以拿出一萬六千八百美金投資。

要達到他的403(b)退休福利計畫配比，必須要挹注2.5%的薪水，但他會投入3%，也就是每年兩千一百美金（他的雇主會加上2.5%——額外的一千七百五十美元——但這並沒有算在他24%／一年一萬六千八百美金的投資金額裡面）。這會進入他退休福利計畫所提供的先鋒領航的整體股市指數型基金。要是沒有的話，那就會進入他的福利計畫裡最類似先鋒領航的整體股市指數型基金的選項。

他會在可抵減個人退休帳戶存入五千五百美元，先進入VTSMX，等到超過一萬美元之後，就可以轉移到VTSAX。

在403(b)退休福利計畫與個人退休帳戶這裡，我們已經解決了他一萬六千八百美元裡的七千六百美元，至於剩下的九千兩百美元，我們再回頭放入403(b)退休福利計畫。

千萬不要被這三步驟的過程弄昏頭了，這只是依照吸引力強的排序而已，等到他大功告成之後，落實的結果很簡單：

1. 在403(b)退休福利計畫放入一萬一千三百美元（兩千一百美元＋九千兩百美元）。

2. 在個人退休帳戶放入最高額五千五百美元。

第二種選擇：50% 的儲蓄率

現在，讓我們看看要是能說服他對於儲蓄與投資再認真一點的話，會出現什麼狀況。一樣，一開始的時候，他有來自祖父母的三萬五千美金，但他現在每年可以拿出另外的三萬五千美元（七萬美金的 50%）進行投資。

一如第一個選擇，他可以將他年薪七萬美金的 3% 放入 403(b) 退休福利計畫——而他的雇主配比的比率是 2.5%。

至於他的可抵減個人退休帳戶，依然是以最高額五千五百美元投入 VTSMX。

所以，在 403(b) 退休福利計畫與個人退休帳戶這裡，還是七千六百美元，但現在還多出了兩萬七千四百美元可供投資。有了這樣的數字，我們可以把 403(b) 退休福利計畫用好用滿，再投入一萬五千九百美元，加上他已經投入的配比兩千一百美元，現在已經到達了年度上限一萬八千美元，然後，他還剩下一萬一千五百美元：

三萬五千美元－兩千一百美元－五千五百美元－
一萬五千九百美元＝一萬一千五百美元

我們會把這一萬一千五百美元投入先鋒領航的整體股市指數型基金，放置在一般儲桶，讓他祖父母慷慨提供的三萬五千美元的種子資本更如虎添翼。

靠著第二個選擇，不難看出他財富的增長威力變得有多麼猛烈。他把所有稅負優惠計畫的好處發揮到極致，除此之外，還建立了可以隨時領取而無須繳納罰金的財富。

當然，他必須要靠剩下的三萬五千美金張羅生活。對某些讀者來說，這數字看起來低得可怕，然而對其他人來說卻是誇張得高，反正，這的確是可行方案，純粹只是選擇與優先次序的問題，還有他對於自己的財務自由的重視程度。

提供各位一個很有趣的真實數據：三千五百萬美元的收入可以讓你列入全球前0.81%的人口，前1%的贏家，恭喜！

最後，我們簡單敘述一下這些投入的金額最後會如何。

他就和大多數的人一樣，一邊領薪水一邊投資。他會在自己的403(b) 退休福利計畫與個人退休帳戶存款，多餘的錢就會投入一般儲桶裡，一開始先投入三萬五千美元的先鋒領航的整體股市指數型基金。

其實這就是平均成本法的某種形式（DCA, Dollar Cost Averaging），也就是將大筆金額依時間平均分散投資，我們將會在第26章深入討論平均成本法這個概念。

他的403(b) 帳戶的美好之處就是一旦他完成設定之後，存款就能夠自動投入。至於個人退休帳戶與一般儲桶的先鋒領航的整體股市指數型基金就稍微費事一點，必須要按時記得加碼——就像是支付日常生活開銷一樣——或者，可以靠著先鋒領航進行自動轉帳。我就是採取這方法，比較容易，而且更可能讓他堅持下去。所以就這樣沒錯。要是他可以繼續走這條

簡單之路，他就會在不知不覺的狀況下擁有「X我不幹了的專戶」，而工作就會變成非必要選項。等到他活到自己祖父母的那個歲數，他就能夠提供足夠的種子基金給自己的孫子，讓這個循環可以繼續下去。到了那個時候，他也許可以開始學習「要如何效法大富翁捐款」，我們會在第32章予以討論。

備註：

如果各位對於這起個案的原始版本有興趣，可以在www.jlcollinsnh.com網站找尋標題為「通往財富的更平順之路」（The Smoother Path to Wealth）的那一篇貼文。文中還可以看到其他好幾個案例，每一個人的狀況都大不相同，獨一無二。只要在右邊欄位的「分類」下方找到「個案研究」即可。至於各式各樣較簡單問題的解答，只要按下最上方的「詢問jlcollinsnh」標籤就是了。

第23章

為什麼我不喜歡投資顧問

　　管理他人資產是一種龐大產業，而對於從事這一行的人來說，這是利潤非常豐厚的產業。

　　由於對許多人來說，投資與管理金錢是非常可怕的事，但也是一種顯而易見的需求。這種理財之事似乎就是十分複雜，難怪許多人頗樂意把它交給專業人士，期盼得到更好的績效。

　　很不幸的是，大部分的顧問並不會創造更好的績效。投資之所以看起來複雜，純粹就是金融業不遺餘力把它搞得狀甚複雜。的確，有些投資很複雜，但各位到現在想必也已經很清楚，指數型投資產品不只是簡單，而且還更加有效。

　　顧問們的收費貴得要死，會讓你的損失慘到不行。上網查一下伯納・馬多夫就知道了。要是你打算尋求諮詢，那麼一定要慎選，絕對不能失去控制。那是你的錢，沒有人會比你更在乎，而許多人會拚命想要把你的錢變成他們的錢，絕對不能讓這種事發生。

　　當我說到投資顧問的時候，其實講的也是資金管理人、投資管理人、營業員、保險業務（通常會戴上理財規劃顧問之類的假面具）等等之類的人，只要是靠管理你的錢、為他們自己賺錢的人都在此列。

好，我確定有許多誠實、勤懇、努力工作的顧問，會以無私之心將客戶的需求放在自己的前面。老實說，其實我對剛才那段話完全沒有把握，但為了以防萬一，還是要為那些鳳毛麟角的人講句公道話。

下列是癥結之所在：

1. 將顧問的利益與他們客戶的利益處於對立位置，是出於刻意的結構設計。要是能夠賣出什麼都收費的複雜投資產品，就能為他們賺到更多的錢，而不是靠簡單的低成本高效率產品。想要為客戶獲取最佳利益，需要顧問做出不符自身最佳利益的建議，只有少見的聖人才會做出這種行為，資產管理似乎並不是這種少見聖人的志業。

2. 這個產業裡充斥著立意良善卻拙劣的建議。至於那些會把客戶利益放在自身利益的顧問，容我偷用喬‧蘭斯戴爾在他的小說《惡水邊緣》（*Edge of Dark Water*）裡的用詞，「比受洗過的響尾蛇還少見」，既然這樣的話，你就得想辦法找到一個真正還能派上用場的顧問。

3. 吸引顧問的不是最佳投資方法，而是那些能夠讓他們抽取最高佣金與管理費的產品，通常是他們公司強迫他們銷售的那些投資。而這種投資呢，定義就是購買與持有都價格高昂的產品；而購買與持有價格高昂的產品，定義就是糟糕的投資方式。

4. 不意外，能夠接觸到眾人一生儲蓄的這種領域，當然是

吸引騙子、小偷，以及混混的一大磁石。

我們來看看投資顧問們是怎麼賺錢，還有每一種方法到底是怎麼與你的利益發生抵觸。現在要提醒各位，我們這裡講的是合法業者，而不是那些大騙子。一般來說，會有三大方式：

1. 佣金

每當你買進或是賣出某一投資產品的時候，顧問都會得到報酬，投資界稱之為「手續費」。

這裡不難看出這裡有濫用之嫌，而且赤裸裸暴露出兩者之間的利益衝突。購買先鋒領航基金的時候並不會收取「手續費」（佣金）。然而美國基金，以及其他基金，都會收取高額手續費，通常是5.75%，直接進入顧問的口袋。換言之，要是你拿一萬美金投資，只有九千四百二十五美元能夠為你賺錢。其他的五百七十五美元是他的，嗯，想知道他會推薦哪一檔嗎？

某些基金會提供1%的回饋管理費給予銷售這些產品的顧問，換言之，你不只得要支付一次性的佣金，而且只要繼續持有下去，每年都必須支付費用，難怪顧問們對這些產品也是情有獨鍾。通常在同一檔基金裡都會發現這種費用與手續費。

而且，由於這些基金絕大多數都是積極管理型基金，費用比率很高，表現幾乎一定是比不上我們可以輕鬆自行購買的簡單低成本指數型基金。

現在我們算一下總共要多少費用。5.75%的手續費，加上1%的管理費，還有費用比率，就算是1.5%好了，打從一開始，你就立刻割讓了8.25%的資本。你不僅僅永遠損失了這筆錢，而且還損失了它可能在未來數十年當中為你所賺得的錢。把它跟只有0.05%費用比率的先鋒領航的整體股市指數型基金比一比吧，靠！

　　保險投資是佣金最高的投資之一，所以應該是顧問最積極推薦、當然也是害你最浪費錢的產品。年金型與終生／萬能保險的佣金最高會到10%。更糟糕的是，這些佣金都隱藏在你永遠看不到的投資內含項目裡，這種詐騙怎麼會合法呢？我實在不知道，但事實就是如此。

　　對沖基金與私人投資都能讓他們的業務賺大錢，經理人也是，而投資者呢？也許吧，有時候是如此。不對，根本不多。

　　還記得馬多夫嗎？大家真的是乞求他收下他們的錢。他的信譽完美無瑕，過往紀錄亦然，只有付大錢給「最厲害」的投資顧問才能引薦他們見馬多夫先生一面，他們的客戶也一樣被宰殺，噗。

　　要是這些還不夠的話，好，要是你不留心，你的帳戶支出裡還有「炒單」地雷。這指的是投資頻繁進出而產生佣金的手法，這並不合法，但也很容易被掩蓋，主要靠的就是「調整你資產配置」的名目。

2. 資產管理模式（AUM, Assets Under Management）模式

由於這種佣金模式濫用猖獗，近年來收取單一管理費的方式也變得越來越流行，費用通常是以客戶總資產的1-2%作為年費，這種方式被稱之為比較客觀與「專業」，但其實也一樣居心巨測。

首先，每年1-2%的費用，將會嚴重拖垮你的財富增長速度，以及靠累積財富報酬過日子時的收益。投資的回報很珍貴，在這種模式之下，你的顧問真的是油水撈很大。

假設你存了十萬美金，這是能夠吸引顧問興趣的最低門檻。我們進一步假設你投資二十年，每年的報酬率是11.9%，我們在過去這四十年（一九七五年一月到二〇一五年一月）當中已經看到的平均報酬率，你的最後收益是九十四萬七千五百四十九美元[17]，還不賴。現在，假設你把這些年收益的2%送給管理費，現在你的淨收益成了9.9%，經過了二十年之後，收益數字是六十六萬六百二十三美元[18]，哇，一下子就少了二十八萬六千九百二十六美元，哎呀！你不只是每年放棄了2%，還有那筆錢靠著二十多年複利效果所生出來的錢，我就講清楚吧——這真的是非同小可。

其次，我們依然還有利益衝突的問題。資產管理模式的問

---

17 http://dqydj.net/sp-500-return-calculator/（使用：股息再投資／忽略通膨）

18 http://www.calculator.net/investment-calculator.html（點選「最後總額」頁籤）

題不像手續費模式那麼普遍，但還是存在。也許你在想要付光十萬美金的房貸，或者，你在考慮是否要贊助小孩大學學費十萬美金，以免讓他們負債，而顧問通常都會反對這樣的意見。對你來說，這種建議可能很適合，也可能不恰當，要看你的個人狀況而定。不過，對你的顧問來說，這卻只是十萬美金進入他們的口袋之後，讓他們每年可以收到一千到兩千美金的那種建議而已。

第三，絕大多數的顧問會在產品表現不及股市的狀況下害你支付更多的錢。他們通常會挑選慘輸大盤的積極管理型基金，你是否運氣夠好，挑到了那些屈指可數的產品，也要等到約二十年之後才會知道答案。

3. 時薪

許多顧問不是很喜歡這種模式，他們指出這種方式常常會限制了客戶願意與他們相處的時間。這一點當然沒錯，但這也表示佣金與年費其實可以等於購買一大堆時數。

他們也指出，客戶比較不會對佣金與年費提出抗議，因為他們通常不會注意到被揩油水的這些部分。而依照時薪計費──雖然比較符合成本效益──還是需要簽寫支票、眼睜睜看著錢從你的手中溜走。這對於客戶來說就沒那麼舒坦，也就是說顧問賺到的錢就變少了，而我覺得這對客戶端來說似乎也不是壞事。

說到這個，要是你真的需要建議，這是最直接了當的付費法，不過也得付出代價。一小時兩百美金到三百美金以上算正常範圍。你被騙的機率比較低，但還是得接受挑戰，自行判斷對方的建議是否適合你的財務體質。

4. 結合以上 1,2 & 3 的綜合方式

這是我們最後的選擇。要是你的顧問使用這種方法，應該不是為了你的利益。

好，所以我對於挑選一個好顧問的建議是什麼？考倒我了。想要這麼做，恐怕會比挑出致勝股票或積極管理型共同基金更來得困難。

顧問的品質就與他們所推薦的投資一樣。由於他們大多推薦主動管理型基金——與本書建議的指數型基金相反——它們能打敗大盤的機會有多少？

正如同我們在第8章所看到的一樣，鳳毛麟角。你應該會想起研究顯示隨便挑哪一年來看績效超越大盤的比率都是20%，要是放長到三十年這樣的時間區間，比率更是掉至不到1%，就統計學來說，那就是一種捨入誤差，只是過於惱人的雜訊而已。

這就是你花大錢找的顧問所賣給你的東西。

如果你是投資新手，有兩個選擇：

1. 你可以學習要如何挑選顧問。

2. 你可以學習要如何挑選投資方式。

兩者都需要付出與時間。但第二項不只提供更好的跡象，而且也是更輕鬆、沒那麼昂貴的途徑，希望這本書為你指引了明路。

成功投資的一大諷刺就是簡單之路反而更便宜，而且獲利率更佳。複雜投資的唯一受益者就是那些販售的業務與公司。

諸位要記得，除了你之外，沒有人比你更在乎你的錢。你可以學習自己理財，比挑選顧問省力多了，而且你花的成本更少，績效更好。

第三部

魔豆

「智慧來自於經驗，
而經驗通常是缺乏智慧所造成的結果。」

——泰瑞・普萊契

第24章

傑克‧柏格與針對指數型基金的大肆批評

雖然從來沒有人這麼做過,但要是真有人問我,在我個人財富增長的過程當中最大的絆腳石是什麼,答案就是我多年來一直頑固排斥指數型產品,真慚愧。真的,當我聽到反對意見的時候,都是源自我腦海中的自我心聲,是我放任它們侵擾太多次了,而且盤據我心的時間也太久了。

好,為什麼指數型商品的概念在某些領域會遭到這樣的反抗?首先,先說一下背景。

傑克‧柏格在一九七四年創立先鋒領航集團,他是當代低成本指數型基金的創辦人,也是我個人的英雄。如果各位渴望致富與財務自由,也應該要把他視為英雄。

在柏格先生之前,金融業的那種結構,幾乎專讓那些販賣犧牲客戶利益的金融產品的人得以致富,其實,時值今日幾乎依然如此。

然後,柏格先生出現了,暴露出業界選股與建議的癥結,最好的狀況是完全沒用,最壞的狀況是損害獲利,而且所需費用一定會拖累財富增長。華爾街發出抗議怒吼,而且不斷毀謗他,自然也不意外。

而柏格先生的回應方式是創造第一檔的標普五百指數型基

金。雖然柏格先生的新基金在真實世界中證實他的理論的確可行，但尖嘯與咬牙切齒的反應卻一直沒有斷過。

隨著一年年過去，累積的證據也越來越多，批判柏格先生的聲量也變得緩和多了，我猜主要原因是因為這樣的言論開始顯得相當愚蠢。其他的基金公司，發現大眾越來越不願意接受以高額費用換來備受質疑的績效表現，甚至也開始推出自己的低成本指數型基金，企圖挽回那些打算出走的客戶。我個人是不相信他們真心經營此道，基於此一理由，我還是把錢留在先鋒領航。

先鋒領航背後的基本概念就是投資公司的利益應該要與投資持有者完全一致。這在當時是石破天驚的構想，到了現在，它是唯一執行此一理念的公司，因此也是我推薦的唯一公司。

支持指數型商品的基本概念就是，由於挑選能夠打敗大盤的個股的機率如此渺茫，要是針對某一特定指數購買所有股票就能取得更好的績效。這種想法當時聽起來十分可笑，而現在某些領域依然抱持此一態度。

但在過去這四十年中，柏格概念的真確性漸漸獲得了不斷的肯定。靠著那樣的肯定，投資在指數型基金的金錢也得到了利潤。就連華倫·巴菲特，可能是有史以來最成功的選股專家，也曾經正式推薦過指數型產品，尤其是一旦他自己過世之後留給妻子的信託基金。

在二〇一三年致波克夏·海瑟威股東的年度公開信當中，巴菲特寫下了這段話：

「我的建議……再簡單不過了：把現金放在短期政府公債，百分之九十放在極低成本的標普五百指數型基金（我推薦先鋒領航）。我相信依從這種策略的信託基金長期績效會優於大多數投資者的成果──花大錢請經理人的那些退休基金、法人或個人都一樣。」

好，既然這些證據越來越多，那麼為什麼還是有人猛轟這種概念？正如同我們在第11章所看到的一樣，追根究柢，牽涉到的是人性貪婪、心理學，以及金錢。

簡而言之，這裡有太多的錢、人性心理有太多弱點，對於積極管理型基金與經理人來說，實在無法放手。其實，雖然指數型產品的接受度越來越高，但在我寫這本書的時候，大約還是有四千六百檔股權（股市）共同基金。我們這樣看會更透徹，全美可供投資的公開上市企業大約只有三千七百檔股票，對，你們沒看錯。如我們在第二部所了解的一樣，可供選擇的股票共同基金超過了可供他們購買的股票。

華爾街不斷創生各種嶄新產品與方案要推銷給你，而他們也有計畫悄悄關掉自己失敗的那些部分（這樣一來可以讓他們的過往戰績好看一點）。但千萬不要搞錯了，目標永遠是要為他們自己的口袋斂財，而不是你的帳戶。

我的建議：運用指數型基金，還有柏格先生所創辦的公司，把自己的錢牢牢顧好。

第25章

為什麼我沒有辦法挑到致勝的股票，
而且你也不行

　　不要沮喪。我們早就發現了，大多數的專業人士也沒這能耐。

　　指數型與積極管理型的對決，一直是耐人尋味的爭戰，對於我們這些也沒有其他事好做的股市怪胎來說，至少是這樣沒錯。在過去這數十年當中我一直立場不一，有很長一段時間，我一直在嘲笑那些指數型的信徒。那些觀點我照單全收，後來是只接受了一部分。畢竟，要是避開凶險，就能夠超越平均表現吧，是不是？正如同我們在前一章所看到的內容一樣，沒那麼容易。不過，在一九八九年的夏天，我依然深信自己在這樣的比賽中獲勝。

　　某次出差回來的時候，我旁邊正好坐了一個在投資研究機構工作的傢伙。等到飛機降落的時候，他慫恿我應該要加入他們的團隊，然後，在我央求之下，他提供了三檔明牌給我。我隨機挑了一支，買下去，過了幾個禮拜之後，我看到它漲升了三倍，最後這成了我職涯中的重大轉換跑道事件，我犧牲了一大部分的薪水加入了那間公司，誰在乎薪水？真正的錢是在資訊流當中。

於是，我身邊都是那些公司聘請的超聰明分析師，每個人都只專注在某一或某兩個產業，並在其中鑽研也許六到十間的企業與其股票。不止一人曾經因為工作表現而獲得專業媒體頒發的「年度分析師」榮銜，這些人都是在他們所參與的比賽之中的佼佼者。

他們對於這些產業，以及屬於這些產業的公司都瞭若指掌。他們認識高層、中階主管，還有一線工作人員。他們知道顧客，知道供應商，知道櫃檯是誰，他們每個禮拜都會與他們談話，有時候甚至是每一天。

但即便如此，他們也無法搶在任何人之前得知重要資訊（這是內線交易，雖說萬無一失，不過是非法行為）。但他們的確知道這樣的資訊會在什麼時候以什麼方式進行發布。當然，全世界其他能幹分析師也都是如此，任何新消息都會在幾秒鐘之內反映在股價上面。

他們會向我們付出高額費用的法人投資客戶發布報告，然而，準確預測股價依然難以捉摸，令人垂頭喪氣。

要是你在某間大型企業工作，不難理解為什麼。執行長與財務長靠自身團隊所產出的內部預測而努力，過程差不多像是這樣：

業務必須要預測客戶會花錢買什麼。由於都是遙遠未來難以確定的購買行為，可能會隨時取消，所以不是100%可靠，再加上這些成果未卜的業績，你根本就是在詢問業界銷售人員預測未來，他們通常不是靈媒，好，當然，他們就得靠猜測

了。

　　這些猜測結果送到了他們的主管那裡，而這些人也不是靈媒，現在也得要做出自己的預測與決定。我要以表面數字預估銷售成績嗎？還是應該要根據員工個性予以調整？因為蘇西是樂觀主義者，而哈利總是看到悲觀面。好，當然，他們也只能猜測，然後把結果再往上呈。

　　所以，這些依據本來就無法確知的未來的種種猜測，就這麼一路成為呈現在最上層管理階層面前的預算／預測精緻包裝資料夾。通常，他們看了一眼之後，會丟下這種話：「這叫人難以接受，我們不能拿這樣的預測交給華爾街。我們必須要有更正面的結果，回去修正這些數字。」於是整個流程又倒著走一遍，也許是好幾遍，然後他們會把每一次的數字推得與現實越來越遠。

　　就算對於最天賦異稟的靈媒來說，預測未來都是一種充滿不確定的斷論，而且這種過程對他們來說也無關痛癢。

　　突然之間，我強烈的選股傲慢全沒了。也不知道為什麼，難道看了一些書與10-K年度報告[19]就給了我某種優勢？我不但可以超過那些生活其中，而且是每天都在呼吸這種資料的專業分析師？還包括了那些戰戰兢兢經營公司的主管？難道我可以達到他們無法成就的境界？

19　10-K是針對某間公司表現必須要呈交給美國證券交易委員會的綜合性摘要報告，通常這種10-K報告比年報包含了更多的細節。

突然之間，我明白了為什麼就連搖滾明星級基金管理人也無法在長時間狀況下打敗簡單的指數型產品，還有為什麼證券經紀產業所生出的財富還會超過股票本身。

　　大家常說只要投資者看一些評估股票的書籍就能複製巴菲特的成果，每次一聽到這種言論都會讓我面容為之抽搐。最好的一本應該是華倫‧巴菲特的導師，班哲明‧葛拉漢所寫的《智慧型股票投資人》（ *The Intelligent Investor* ），要是你對股票分析有興趣的話，這是一本很棒的書，絕對要抽出時間一讀。

　　不過，要記得當葛拉漢寫下這段話的時候是在一九四九年，還得過二十五年之後才能等到傑克‧柏格的第一檔指數型基金，就連積極管理型的共同基金也是寥寥可數，當時分析與挑選個股是一種更為必要與實用的技能。但早在一九五〇年代初期，葛拉漢先生就已經在為指數型概念暖身，到了一九七〇年代中期，他在接受訪問的時候已經全然接納了這種價值。

　　個人能夠輕易打敗大盤的這種說法，就借用我父親的說法吧：鬼話，危險的鬼話。

　　大家努力了數十年之久，但依然還是只有一個華倫‧巴菲特，請各位這麼思考吧：

　　還記得穆罕默德‧阿里？他在自己的輝煌時代，就等於是拳擊界的華倫‧巴菲特。你我都可以追隨他的訓練制度，甚至可以找安傑洛‧敦提等級的教練好好指點一下。我們可以鍛鍊出最好的體格，做好自己的功課，學習「甜蜜的科學」（意指

拳擊）。然後，經過了這一切的努力之後，你能夠與喬‧佛雷澤、喬治‧福爾曼，或是桑尼、利斯頓同場競技嗎？

不是我，我不是阿里，也不是華倫，你們也不是（除非你真的是華倫‧巴菲特，如果真的是這樣：那麼感謝挑選我的書！）

看了前一章之後，各位已經知道華倫‧巴菲特給個人投資戶的推薦標準；低成本、選股範圍廣大的指數型基金，要是葛拉漢依然在世的話，也會說出一樣的話。

要是你決定要嘗試打敗大盤，那就祝你好運了。你可能比我更聰明，更有天分，想必你一定還比我長得更帥，我會在不久的未來在華倫‧巴菲特的旁邊找尋你的名字。

同樣的話我也要送給自己在賭城認識的那些傢伙，他們信誓旦旦向我保證他們一定能夠打敗莊家。我聆聽，凝望十億美金的賭城，思忖裡面不知有多少比我更聰明、更有天分、比我長得更帥的人。

這條漫漫長路，多一點謙卑，不但可以讓你立於不敗之地，還可以讓你保住你的錢。

第 26 章

我為什麼不喜歡平均成本法

　　也許在生命中的某個階段，你會發現自己深陷在有一大筆錢可以投資的兩難處境。來源可能是遺產，或是賣出別的資產所獲得的錢。無論來源到底是什麼，一次全部拿去投資似乎是很可怕的決定，就像是我們在第5章時所討論的一樣。

　　如果股市正處於牛市狂飆期，每天屢創新高，那麼價格似乎貴得太離譜了。要是發生重挫，你又會擔心不知道還會下跌到什麼程度。你只能攤著雙手賭下去，等待情勢明朗，而各位看到現在也知道了，那個時機永遠不會到來。

　　最常聽到的建議方式是「平均成本法」（DCA, Dollar Cost Averaging），慢慢進入股市。這樣的思維就是萬一股市下跌，你也不會那麼痛苦。我不吃這一套，我會馬上解釋為什麼，不過，先讓我們看一下到底什麼是「平均成本法」。

　　當你拿出自己的一大筆錢以平均成本法進行投資，就是將它平均分為好幾等分，然後在不同時點分批投入，拉長投資時間。

　　我們假設你手邊有十二萬美元，想要投資先鋒領航的整體股市指數型基金。現在你都已經看到這裡了，想必知道市場波動不安。很可能會出現劇烈下跌，所以你也知道自己投入這

十二萬美元之後，雖然發生率極低，但可能會哪天害你悲不可遏。所以你不打算一次投入，反而決定要靠平均成本法減低這種風險，好，它的運作方式是這樣。

首先，你必須要選定部署這十二萬美元的時間區段，我們就暫定是接下來的十二個月吧。然後，你把錢分成十二等分，每個月投資一萬美元。如此一來，要是市場在你投入第一筆資金的時候下跌，那麼你還有十一個可能會比較理想的投資時點，聽起來不錯，是吧？

嗯，這樣的確降低了一次投入資本的風險，但問題是這只適用於股市一直下跌狀況，過了十二個月的投資期之後，你持有單位的平均成本還是低於你一開始的持有成本。但要是股市上漲，你反而會落後大盤。你是以某種風險（購買之後股市下跌）交換另一種風險（股市持續上漲，但你卻使用平均成本法，也就是說要以更高的成本購入持有單位），所以哪一種風險比較可能發生？

假設你剛才有專心閱讀第一部與第二部，那麼你就知道股市永遠會上漲，只是過程會驚心動魄。而你還知道另外一點，就是它上漲的時候會比下跌的時候多，衡諸一九七〇到二〇一三年這個區間，四十三年當中有三十三年上漲，也就是佔了77%。

現在你應該已經可以看出我為什麼不是平均成本法的粉絲，但我還是把原因逐一列出：

1. 靠著平均成本法，你賭的是股市會下跌，讓你不會那麼痛苦，而不論從哪一年來看，這樣的機率只有23%。

2. 不過，股市會有77%的機會上漲，如果是這樣的話，你也損失了某些收益。每一次投入新資金部位的時候，都必須為持有單位付出更高的成本。

3. 當你使用平均成本法的時候，你的態度基本上就是股市太高，不適合一次投入。換言之，你陷入了在股市擇時進場的泥沼世界。而這正如同我們先前所討論的一樣，這是一場輸家的遊戲。

4. 平均成本法會搞砸你的資產配置。一開始的時候，你會抱著一堆現金在場邊等待部署。如果那本來就是你的配置策略，不成問題。但如果不是的話，你必須要了解到的是，選擇平均成本法，就等於讓你的配置發生了某種根本的深度改變。

5. 當你選擇平均成本法的時候，也必須選擇時間區間。由於股市長時間是上升趨勢，如果你選擇的是長時間區間，就說是超過一年好了，那麼你在投資時以更高成本買入持有單位的風險也隨之增加。而你要是選擇比較短的區間，那麼就失去了一開始使用平均成本法的價值。

6. 最後，一旦你到達平均成本法的最後期限，已經投入了所有投資成本，那麼大功告成之後，還是得承擔一樣的股市下跌風險。

該採行什麼樣的替代策略？

好，要是你遵守第二部所臚列的策略，那麼你應該已經知道自己是在累積財富階段還是維持財富階段。

如果你在累積財富階段，那麼每個月都會把一大部分收入拿去投資。就某種程度來說，你以收入固定投資等於是某種無法避免的平均成本法，的確能夠讓你的投資之路更加平穩。不過，其間的巨大差異在於你會持續好幾年甚或是數十年之久。當然，這是因為你沒有大筆金錢可供投資的選項。

不過，你這樣還是等於讓自己的錢盡快為你效力，目的就是為了要讓它為你服務得越久越好。要是中間有任何大筆的錢進來的話，我也會立刻拿去投資。

如果你到了維持財富階段，你擁有包含債券的資產配置可以讓你走得更平穩。在這種狀況下，必須根據你的配置投入那一大筆錢，讓配置的比例減低風險。

要是你就是緊張大師，沒辦法遵循這樣的建議，那麼一想到自己投資之後就會股市下跌的念頭一定會讓你夜不成眠，就去使用平均成本法，反正也不會是世界末日。

不過，這就表示你是為了配合自己的心理狀態而調整投資，而不是為了配合投資而調整自己的心態。

第27章
要如何成為股市明燈與
登上消費者新聞商業頻道

以前，路易斯・魯凱澤曾經在公共電視開了一個名叫《華爾街一週》的節目，於每個星期五晚上播出。每個禮拜固定收看，成了我每週儀式的句點。

他會先評論當週股市的失誤與問題，然後請教輪流出現的三名華爾街專家發表看法。我最喜歡的兩位是艾比・約瑟夫・柯恩，打死不退的多頭派，還有馬丁・褚威格，總是「對於股市憂心忡忡」。

每一位來賓都頂尖卓著，魯凱澤也會刻意巧新安排，每個禮拜都會出現來賓對股市狀況與方向意見正好相左的狀況，有時候甚至有人會證明自己論點無誤。

他的評論、問題，以及意見總是會伴隨眨眼與微笑，而且還充滿了幽默感。很不幸的是，他在二○○六年過世，現在的投資世代已經看不到他的洞見與智慧。

他的節目與那群班底來賓教導我的關鍵就是，無論什麼時候，總是會有專家預測貌似可能發生的未來，由於各種觀點紛陳，所以一定會有人命中，他們的好運會被詮釋為智慧與洞見。如果預測的戲劇化程度足夠，也可能會帶來名聲與財富。

每一年的一月，魯凱澤都會邀請他的每一位來賓預測當年股市的高低點以及封關日的指數。我忘了他的詳細台詞，不過，等到大家預測完之後，他總是會說出這樣的話：「……要了解就算是這些專家也可能出錯，各位也是。」然後，他會對鏡頭眨眨眼。

到了同年十二月，他會向那些猜測得最準的專家致敬，虧其他的人。要是輕鬆看待的話，一切都很好玩。就連我自己也沉迷其中，每年都會做預測，但從來沒把它當一回事，就算有人注意到我，我也不會因為我的預測而被消費者新聞商業頻道專訪。我演得不夠誇張。但話說回來，那不是我的企圖，但要是你有這樣的雄心壯志，以下是我的（我也會對你耍聰明眨眨眼）建議步驟：

Step 1：預測市場會在短期內有劇烈變動，往上往下不重要，但往下比較簡單，而且比較嚇人，要是被你命中的話，這種預測會讓你得到更多發揮空間。

Step 2：記錄自己預測的時間與日期。

Step 3：要是沒有命中，等一等。

Step 4：重複 Step 1-3，直到你正確的那一天為止。

Step 5：發布新聞稿：股市崩跌 !!! 正如同（把自己的名字加進去）最近的預測一樣。

Step 6：清出行事曆空檔，準備接受媒體專訪。

Step 7：把你新發財之道的15%獲利寄給我，這是我的經

紀人抽佣。

切記，除非命中，否則不要發布新聞稿。

哦，還要記得一件事，等到你建立了自己的大師地位之後，大家會希望你可以繼續下去，有好幾個月——甚至是好幾年的時間——你所說的一切都會被大家記錄下來，每一次的失誤都會讓眾人看好戲，記在心裡，搞到最後大家覺得你丟人現眼，信譽掃地，最後只能黯然退出。

不過，要是你能夠把握在陽光下的機會精采演出，也能因此賺大錢。

第28章

你，也可能會被騙

　　就在不久之前，有人開始與我為敵。

　　她是我某位好友的遺孀。在他過世之前，我曾經答應他會照顧她。

　　有次聊天的時候，她說我害她覺得自己很卑微，她說我害她覺得自己很愚蠢，而且她淚流滿面。對於這兩大罪狀，我應該只能乖乖認錯，我也不是能夠一直保持圓滑的人。不過，所幸我成功搶救了她的兩百萬美元。

　　當時她的丈夫已經過世了一段時間。他在世的時候，努力工作，累積的財產就是上述那個數字。他深愛妻子，也知道自己非常可能早她一步離世，這筆錢是一種示愛的行為，他希望能夠確保她財務安穩無虞。

　　但他也很清楚，以下三點讓他嚇得發抖：

1. 他妻子相信有所謂「白吃的午餐」。也就是說，她對於各種行銷誘惑都來者不拒。比方說，免費手機就是其中一個例子，只要他們的手機合約一到期，她就會驕傲地拿出供應商「免費」提供的手機。也不知道為什麼，她似乎沒注意到必須綁兩年的那紙合約，這種事一再重

演。雖然是小事，但卻是不祥預兆。

2. 這世界上充滿了專挑她這種人下手的掠食者。

3. 她有錢，再加上這種「免費午餐」的概念，會造成那些人蜂擁而至，宛若聞到沾血魚餌的鯊魚。

就是這個「免費午餐」的主題惹得我開始訓話，害她開始掉淚。我努力安撫她，讓她明瞭金融界掠食者行騙所造成的風險。她是非常聰明的女子，似乎也懂了，但她後來說道：「別擔心，我不會被騙的。」

「妳講出這句話，就是已經被騙了，」我說道（恐怕講到這一段的時候，我已經拔高了音量），「這正好違反了不要被騙的第一條守則。」

千萬別搞錯，你當然可能被騙，我也一樣。

多年前，我曾經遇到過一起詐騙案。所幸被我識破了。在那個時候，我也可能會上鉤，事情是這樣的：

某天，你收到了一封信，或者，在這種時代收到的是電郵。裡面是某名投資專家的自介，要免費告訴你明牌。比方說，在接下來的這一兩個禮拜當中，ABC公司股價會狂飆，但他也提出警告，要是你自己沒有做功課，千萬不要進場投資。不過，他的「獨門分析數據」卻指出這一支屬於強力買進。

你不是白痴，但決定也許注意一下也無妨，靜觀其變就好。你不想錯過好事。想也知道，它立刻飆升，不過才兩三天

的時間，你的錢很可能多了 50%、60%，甚至是 100%。靠，就在這時候，第二封信來了。

這一次它說 BCD 公司準備要大跌。上面是這麼寫的，做空（做空是指賣出一支你並未持有的股票，打賭它將會下跌）這一支股票。你是謹慎投資人，這次還是靜觀其變，但這次興趣更濃厚了一點。

想也知道，這一檔一如預期下跌，當初要是你展開行動，就能有豐厚利潤入袋。

第三封信到來，接下來是第四封、第五封，甚至是第六封。每一封都準確命中。股票上漲，或是下跌，果然就與預測的一樣。也許你把握機會的話，應該可以靠著其中的一兩檔獲利。到了現在，很難不多看兩眼。

然後，你收到了邀請函，地點是你們那一區的高檔餐廳。你與其他幾名「高階主管級的投資人」受邀參與某一非正式會議，要與「從未失手」先生見面。他會討論自己的獨門投資之道，還有這些方法到底如何讓他致富。

在晚餐現場，「從未失手」先生語氣溫柔。他暖心和善又體貼，具有富人的所有特質，但卻是低調有品味的那一種。他拿出了各種走勢圖與圖表，但到底是什麼投資策略卻不是很清楚，而話說回來，這是獨門絕活，自然也是意料中事。

哦——他幾乎是隨口提到這件事——正好他最近的股票池還有兩個空位，當然，這不是什麼恩惠。「根據我們的經驗，明天就會被搶購一空，所以，要是各位有興趣……」

這就和所有的魔術一樣，當然只是幻術。你看得出來嗎？要是你有這個能耐，而且這是你第一次遇到這種人，那麼你比我厲害多了。但不要太跩，就算這一個沒中，還有下一個會撲來，讓你渾然不覺。你可能會遇到這種事，完全無法參透這種騙局，但它就是一定能唬住你，這就是第一條規則，而所有的規則如下：

　　第一條規則：每個人都可能被騙，當然蠢人是標靶無誤，不過，有許多人超聰明。當你覺得這種事不會發生在你頭上的時候，你已經成了最令人垂涎的目標。最容易下手的被害人就是以為自己超聰明、知識淵博，不可能被騙倒的那些人。也就是你，老弟。

　　第二條規則：就算在你自己專精的領域也可能會被騙。理由很簡單：目標設定與自我意識。當騙子設局的時候，他們找尋的對象是自然而然會被吸引過來的對象。他們是業內人士，一般人要是待在自己熟知的領域會覺得很安穩，深信自己很聰明，絕對不會被別人殺得猝不及防。聰明的人知道自己哪些領域不在行，反而通常會格外小心，像伯納·馬多夫的許多受害人都是金融界專業人士。

第三條規則：騙子（有男也有女）長得根本不像騙子，這又不是在演電影。他們不會戴軟趴趴的帽子蓋住自己的鬼祟雙眼。成功的騙子看起來就是前所未見最令人安心、最可靠、誠實、穩當、和藹的那種人，你不覺得他們是容易被騙的傻子。或者，你覺得他們是這樣的人，對他們展開熱烈的歡迎。

第四條規則：他們所說的話有99%為真。最厲害、最有效的謊言周邊都是真話，把謊言藏在最裡面。會讓你破產、真心哭得傷心的那種騙子，總是掩藏得小心翼翼，他們就是躲在合約小字細則裡的那種魔鬼。

第五條規則：要是聽起來好得不可置信，那就是千萬不能相信。天底下沒有白吃的午餐，永遠沒有，你媽媽老早就教過你了。她說得沒錯，要聽你媽媽的話。

話雖這麼說，但也不是所有的騙子都很聰明。來自奈及利亞的陌生人寫電郵給你，隨便一個糟老頭，接受他的數百萬美元匯款，應該就是明顯騙局，對嗎？

陌生人敲你家大門，給你一個居家修繕的大特價，只是因為「我們正好在這一區工作」，但唯一的要求是叫你先付現，這絕對是騙子，你知道的，對吧？

我朋友妻子所認知的都是那種單純的騙子。而她也沒錯，她太聰明了，不可能會被他們所騙，但她丈夫擔心的並不是那些人，而是世界上那些專挑聰明有錢獨身者下手的聰明騙子。

　　要是你還沒有與自己的配偶或伴侶討論這些議題，一定要趕快開始，千萬不要把這種事留給一個像我這樣笨拙（但很誠實）的家庭好友。

　　衡諸壽命精算表格與我妻子的優秀基因，她應該可以比我多活個二十年。由於我負責我們夫妻的理財，所以我們經常討論這話題，會一起檢視我們的資產與成因。所幸她了解各種原則與其重要性。

　　對了，這是我之所以是指數型基金粉絲的另一個原因。我希望可以留給她一種簡單的投資組合，所以她可以靠著自動駕駛模式過日子。

　　截至目前為止，她並沒有因為這些話題與我為敵，我想是還沒有。

　　哦，以下是「從未失手」先生的手法：

　　這是一種倒金字塔結構。他一開始挑了一檔波動性劇烈的股票。然後發出一千封信，一半是預測上漲，另一半是預測下跌。所以拿到第一封正確預估的那五百個人會收到第二封信，裡面會預估另一檔波動性劇烈的股票，現在那擁有兩封正確預測信的人收到了第三封，然後，此一過程就繼續下去。到了第

六封信的時候，大約有十五或十六人收到你連六封命中的無懈可擊的預測信，大多數的人到了那個時候都會自己哀求上鉤。

第四部
完成目標後要做什麼

「金錢可以讓你不用做自己不喜歡的事。
由於我幾乎什麼事都不喜歡，
所以手邊一定要有閒錢。」

——格魯喬·馬克思

第 29 章

提領率：我到底可以花多少錢？

4%，也許更多一點。

好，你一直遵循這三大途徑：

- 避免負債
- 花得比賺得少
- 拿餘額去投資

現在你坐擁自己的資產，心想不知道每年可以花多少而不會坐吃山空。這可能會壓力很大，但真的很有趣，你甚至可能會大膽問道：「吉姆花用自己資產的百分比又是多少？」我們就開始解釋吧。

你不需要看那些退休書籍，也會想到「4%原則」。它與大部分的流行忠告不一樣，非常能夠禁得起我們犀利目光的檢視，但其實很少人能夠真正明瞭這一點。

回想一九九八年的時候，三名三一大學的教授坐下來，跑出了一堆數據。基本上，他們想知道的就是根據各式各樣的投資組合，也就是不同的股票與債券組合，在三十年的期間之中

依照不同的起領點與不同的提領率，最後會出現什麼狀況。而且，他們設定的不只是提領數目，還有根據通膨而調整的提領水準。

哇，然後，他們在二〇〇九年更新了數據。

金融媒體從這份研究提供的各種選擇的數據當中，只抓出一個模組：4%的提領率，股票與債券各佔一半的投資組合。結果呢，三十年結束了，在96%的時間當中，這樣的投資組合完全沒有任何損失，換言之，這種機率的失誤率，讓你在老年無以為繼的機率只有4%而已，其實。在他們計算的五十五個起領年當中，只有兩年出問題：一九六五與一九六六年。除了那兩年之外，這方法不只是奏效而已，那筆投資組合裡的錢在許多時候的增長幅度還相當可觀。

且讓各位沉澱思考一下。

最後一句話的意思就是，在絕大多數的狀況下，擁有這些投資組合的人每年提領百分之5、6、7%都不成問題。其實，要是你忽略了通膨增長因素，每年拿7%，有85%的時間都不成問題。而要是在絕大多數的時間只提領4%的話，那就表示當你走到人生盡頭的那一天，你的賭桌會留下一大堆籌碼，最後全進了繼承人（通常是不知感恩）的口袋。如果那本來就是你的目標，自然是好消息；如果你期盼自己的投資組合能讓你度日子超過三十年之久，這也是好消息。

不過，金融媒體認為大多數的人不想太傷腦筋。只要報導4%的績效，他們的報導就只需要鎖定一件事就夠了。要是把

數字降到3%，我們安穩過生活的把握就幾乎十分穩當，而且應付每年通膨增長也綽綽有餘。

雖然一九六五與一九六六年是4%策略唯一失敗的兩年，不過，各位要記得，最近開始起領的這些年期還沒有超過三十年的度量標準。我猜要是你從二〇〇七以及二〇〇八年年初開始提領，也就是股市大崩跌之前，那麼你的4%計畫的失敗期很可能會超過兩年以上，會讓你想要減碼。但從另外一方面來看，如果你在二〇〇九年三月的底部開始提領自己投資組合市值的4%，那麼你很可能賺得飽飽的。

要是你很好奇的話，可以自己研究這個「三一研究」的概要：

http://www.onefpa.org/journal/Pages/Portfolio%20Success%20Rates%20Where%20to%20Draw%20the%20Line.aspx

概論

年提領率如果是3%，甚至不到這個數字，那麼生活幾乎是安穩無虞。

- 提領率要是遠遠超過7%，那麼你將會過著靠狗食過活的日子。
- 股票是投資組合存活率的關鍵。
- 要是你想絕對安穩，而且你的每年通膨率節節上升，那

麼就把提領率控制在4%以下，投資組合是75%的股票／25%的債券。

● 要是不管，甚至可以把提領率推升到6%，而投資組合是50%的股票／50%的債券。

● 其實，這份研究的作者群的建議是，如果你保持警覺與靈活度，提領的比率甚至可以到7%。也就是說，萬一股市大跳水，那麼就大砍你的提領率與花費，直到股市回春為止。

要是你研究這份報告，就會發現一共有四個圖表。圖表一與圖表二可以看出各種投資組合的長期表現以及各種提領率的情形。而圖表三與圖表四告訴我們的則是三十年過去之後、這些投資組合裡還剩下多少錢。而圖表二與圖表四的差異在於每年的提領數目會根據通膨而進行調整，現在就讓我們來研究一下。

圖表一：依提領率、投資組構成分，以及支付期的退休投資組合成功率									
佔初始投資組合市值百分比的年化提領率									
支付期	3%	4%	5%	6%	7%	8%	9%	10%	11%	12%

100% 股票 — 成功率

支付期	3%	4%	5%	6%	7%	8%	9%	10%	11%	12%
15年	100	100	97	97	94	93	86	80	71	63
20年	100	98	97	95	92	86	77	66	55	51
25年	100	98	97	93	90	80	67	55	48	40
30年	100	98	96	93	87	76	62	51	40	35

75% 股票 25% 債券

支付期	3%	4%	5%	6%	7%	8%	9%	10%	11%	12%
15年	100	100	100	100	97	94	90	77	66	56
20年	100	100	100	97	95	89	74	58	49	43
25年	100	100	98	97	92	78	60	52	42	32
30年	100	100	98	96	91	69	55	38	29	20

50% 股票 50% 債券

支付期	3%	4%	5%	6%	7%	8%	9%	10%	11%	12%
15年	100	100	100	100	100	99	93	73	57	46
20年	100	100	100	100	98	88	63	46	32	20
25年	100	100	100	100	95	67	48	28	18	13
30年	100	100	100	98	85	53	27	15	9	5

25% 股票 75% 債券

支付期	3%	4%	5%	6%	7%	8%	9%	10%	11%	12%
15年	100	100	100	100	100	100	86	53	34	30
20年	100	100	100	100	100	68	35	26	22	14
25年	100	100	100	100	68	33	25	17	13	10
30年	100	100	100	96	38	24	15	9	5	2

100% 債券

支付期	3%	4%	5%	6%	7%	8%	9%	10%	11%	12%
15年	100	100	100	100	100	73	56	44	29	19
20年	100	100	100	92	54	49	28	20	14	9
25年	100	100	97	58	43	27	18	10	10	8
30年	100	100	64	42	24	16	7	2	0	0

圖表二：依通膨調整提領率、投資組構成分，以及支付期的退休投資組合成功率									

圖表二：依通膨調整提領率、投資組構成分，以及支付期的退休投資組合成功率

佔初始投資組合市值百分比的年化提領率									
支付期	3%	4%	5%	6%	7%	8%	9%	10%	11%	12%
100% 股票 成功率									
15年	100	100	100	94	86	76	71	64	51	46
20年	100	100	92	80	72	65	52	45	38	25
25年	100	100	88	75	63	50	42	33	27	17
30年	100	98	80	62	55	44	33	27	15	5
75% 股票 25% 債券									
15年	100	100	100	97	87	77	70	56	47	30
20年	100	100	95	80	72	60	49	31	25	11
25年	100	100	87	70	58	42	32	20	10	3
30年	100	100	82	60	45	35	13	5	0	0
50% 股票 50% 債券									
15年	100	100	100	99	84	71	61	44	34	21
20年	100	100	94	80	63	43	31	23	8	6
25年	100	100	83	60	42	23	13	8	7	2
30年	100	96	67	51	22	9	0	0	0	0
25% 股票 75% 債券									
15年	100	100	100	99	77	59	43	34	26	13
20年	100	100	82	52	26	14	9	3	0	0
25年	100	95	58	32	25	15	8	7	2	2
30年	100	80	31	22	7	0	0	0	0	0
100% 債券									
15年	100	100	100	81	54	37	34	27	19	10
20年	100	97	65	37	29	28	17	8	2	2
25年	100	62	33	23	18	8	8	2	2	0
30年	84	35	22	11	2	0	0	0	0	0

圖表三：退休投資組合扣除固定提領率期限結束後的市值中位數（假設初始投資組合市值為一千美元）									
佔初始投資組合市值百分比的年化提領率									
支付期	3%	4%	5%	6%	7%	8%	9%	10%	11%	12%
100% 股票				成功率					
15年	4,037	3,634	3,290	2,978	2,564	2,061	1,689	1,378	1,067	563
20年	6,893	6,083	5,498	4,640	3,821	2,907	2,059	1,209	610	51
25年	10,128	8,466	7,708	6,094	4,321	2,936	1,765	459	0	0
30年	17,950	15,610	12,137	9,818	7,752	5,413	2,461	41	0	0
75% 股票 25% 債券									
15年	3,414	3,086	2,682	2,293	1,937	1,528	1,169	888	623	299
20年	5,368	4,594	3,933	3,177	2,665	2,062	1,339	574	0	0
25年	8,190	5,724	4,732	3,889	2,913	1,865	500	0	0	0
30年	12,765	10,743	8,729	5,210	3,584	2,262	1,424	800	367	105
50% 股票 50% 債券									
15年	2,688	2,315	2,015	1,705	1,398	1,097	785	470	180	0
20年	3,555	3,018	2,329	1,926	1,462	940	420	0	0	0
25年	4,689	3,583	2,695	1,953	1,293	624	0	0	0	0
30年	8,663	7,100	5,538	2,409	1,190	466	136	16	0	0
25% 股票 75% 債券									
15年	1,685	1,446	1,208	961	731	499	254	14	0	0
20年	2,033	1,665	1,258	882	521	136	0	0	0	0
25年	2,638	1,863	1,303	704	130	0	0	0	0	0
30年	3,350	2,587	1,816	647	0	0	0	0	0	0
100% 債券									
15年	1,575	1,344	1,102	886	651	420	211	0	0	0
20年	1,502	1,188	926	537	132	0	0	0	0	0
25年	1,639	1,183	763	41	0	0	0	0	0	0
30年	1,664	1,157	670	0	0	0	0	0	0	0

圖表四：依通膨調整提領、退休投資組合於期限結束時的市值中位數（假設初始投資組合市值為一千美元）

				佔初始投資組合市值百分比的年化提領率						
支付期	3%	4%	5%	6%	7%	8%	9%	10%	11%	12%
100% 股票					成功率					
15年	3,832	1,760	3,005	2,458	2,018	1,427	859	483	44	0
20年	6,730	5,808	5,095	3,421	1,953	1,215	361	0	0	0
25年	8,707	6,304	5,103	2,931	1,683	0	0	0	0	0
30年	12,292	10,075	7,244	4,128	1,252	0	0	0	0	0
75% 股票 25% 債券										
15年	3,139	1,601	2,163	1,773	1,290	943	182	275	0	0
20年	4,548	3,733	2,971	2,051	1,231	450	0	0	0	0
25年	5,976	4,241	2,878	1,514	383	0	0	0	0	0
30年	8,534	5,968	3,554	1,338	0	0	0	0	0	0
50% 股票 50% 債券										
15年	2,316	1,390	1,535	1,268	899	489	182	0	0	0
20年	2,865	2,256	1,667	1,068	469	0	0	0	0	0
25年	3,726	2,439	1,453	583	0	0	0	0	0	0
30年	4,754	2,971	1,383	9	0	0	0	0	0	0
25% 股票 75% 債券										
15年	1,596	1,011	777	456	56	0	0	0	0	0
20年	1,785	1,196	778	268	0	0	0	0	0	0
25年	1,847	941	67	0	0	0	0	0	0	0
30年	2,333	633	0	0	0	0	0	0	0	0
100% 債券										
15年	1,325	852	612	303	48	0	0	0	0	0
20年	1,058	621	146	0	0	0	0	0	0	0
25年	919	102	0	0	0	0	0	0	0	0
30年	626	0	0	0	0	0	0	0	0	0

注意事項：股市報酬率為根據標普五百指數的每月總報酬率計算，而債券報酬率則是高等級公司債的每月總報酬率。這兩組報酬率資料的期間從一九二六年一月到二〇〇九年十二月，資料來源是《晨星》二〇一〇年出版的伊博森股市、債券、現金、通膨之經典年報。

圖表一：（財務規劃協會，二〇一〇年，依提領率、投資組構成分、以及支付期的退休投資組合成功率。）**圖表二**：通膨調整計算是利用美國勞工統計局網站www.bis.gov.所公布之城市消費者物價指數的年度數值（財務規劃協會，二〇一〇年，依通膨調整提領率、投資組構成分，以及支付期的退休投資組合成功率。）**圖表三**：（財務規劃協會，二〇一〇年，退休投資組合扣除固定提領率期限結束後的市值中位數——假設初始投資組合市值為一千美元。）**圖表四**：通膨調整計算是利用美國勞工統計局網站www.bis.gov.所公布之城市消費者物價指數的年度數值（財務規劃協會，二〇一〇年，依通膨調整提領、退休投資組合於期限結束時的市值中位數——假設初始投資組合市值為一千美元。）

　　所以你要是研究一下圖表一，股票與債券各50%的比例，然後提領率是4%，那麼你靠投資組合度過三十年的機率是100%。

　　而圖表二告訴你的則是，要是套用同樣的參數，但加上你的通膨漲升因素，靠投資組合安度晚年的機率就降到了96%。很合理吧，對不對？

　　圖表三與圖表四告訴我們的是，經過了三十年之後，這樣的投資組合還會剩下多少錢，對我來說，這真的是令人眼睛一

亮的數據。圖表三同樣假設的是固定提領率，而圖表四的假設
則是加上了你的通膨漲升因素，我們來看看一些例子。

假設你投資組合的初始市值是一百萬美金，以下是三十年
之後你所剩下的錢（中位數）

從圖表三（並沒有依通膨調整提領）可得知：

- 100%的股票等於一千五百六十一萬美元
- 75%的股票加25%的債券等於一千零七十四萬三千美元
- 50%的股票加50%的債券等於七百一十萬美元

從圖表四（依通膨調整提領）可得知：
- 100%的股票等於一千零七萬五千美元
- 75%的股票加25%的債券等於五百九十六萬八千美元
- 50%的股票加50%的債券等於兩百九十七萬一千美元

這是深具震撼力的數字，當你在遵循《簡單致富》的時
候，應該會讓你心中感到溫暖快意。

當你在看這些圖表的時候，應該可以看出某一顯而易見的
道理，就是在建立與維持財富的時候，股票有多麼威猛而且不
可或缺。所以它們才會一直是《簡單致富》的擔綱主角。

還有一個看起來沒那麼顯著——但同等重要的——就是運
用低成本指數型基金建立投資組合的重要性。當你為了積極

型共同基金以及／或是投資顧問而必須付出 1-2% 的費用的時候，這些令人歡欣鼓舞的假設數字都會被丟入垃圾桶。威德‧法烏，美國金融服務大學專研退休收入的教授，也是「三一研究」最受敬重的觀察者之一，他說得好極了：

「舉例來說吧，股票與債券各一半的投資組合，以配合通膨調整的提領率 4%，領個三十年，沒有任何費用，有 96% 的成功率。但要是有 1% 的費用，成功率就降到 84%；2% 的費用，成功率只剩下 65%。」

換言之，只有靠著低成本指數型基金為基礎，「三一研究」對於投資組合的預測數據才能成立，其他都是枉然。

好，現在回到我們先前曾稍微提到的那個問題：我退休金的提領率應該要訂多少？我必須老實承認，我自己一直沒注意這件事，得花一點時間才算得出來，雖然曾經算過，但也不是很精確。不過我猜過去這幾年應該是高於 5%。這種隨性的態度可能會讓你嚇一大跳，但有好幾項顯可憫恕的因素：

1. 我有個小孩在念大學，每年得花一大筆錢，不過，到了二〇一四年春天，就沒有這個負擔了。在她念大學的這段期間，我是把所花的錢當成了我的淨值，但也應該被標註為「花費」。

2. 自從我退休之後，我妻子與我旅行的頻率更加頻繁，相

關支出也立刻飆升。我不是要嚇人。但到了我這年紀，我更擔心的是時間不等人，而不是金錢。要是市場跌勢不休，調整這項支出項目也是輕而易舉。

3. 在接下來的那幾年，我們會有兩份來自社會安全福利金的不錯固定新收入。

4. 更重要的是，我知道自己並沒有超過必須嚴格注意的6-7%的水準。

5. 綜上所述，我猜我未來的提領率會降到4%以下。

在3-7%的這個區間，選擇自身提領率的關鍵其實與數字沒那麼相關，而是與個人彈性比較有關。如有需要，你可以輕鬆調整自己的生活花費、找工作增補自己的被動收入以及／或是樂於也有能力搬到沒那麼貴的地方安居，那麼無論你選擇多少的提領率，你都能夠擁有更加穩定的退休生活，我猜也會過得比較開心。

要是你卡在需要一定收入的困境，不願意或者是再也無法工作，地緣關係太深而無法另覓他處，那麼你必須要更加小心。換作是我，我會想辦法改變自己的態度，但這只是我的意見而已。

4%只是一種基本指引，合理的彈性才是安穩的來源。

第30章
我要怎麼提領自己的**4%**

　　要是你遵循本書中所提到的簡單方法 —— 到了某個時候—— 你就能夠選擇靠自己的資產收入支付生活所需，而不是自己的勞力。

　　能夠達到這種層次的速度，主要是與你的儲蓄率，以及需要多少的現金流有關。

　　反正，到了那個時候，正如同我們在前一章所討論的一樣，光靠資產的4%就可以應付你所有的財務需求，或者，可以用另外一種說法，這時候的資產等於是年度支出的二十五倍。

　　你離開工作之後，必須要變動所有以雇主為基礎的退休計畫，比方說401(k)退休福利計畫，將裡面的資產移到自己的個人退休帳戶，而投資會被分為股市與債券，進行最適合你個人風險投資組合的配置。理想的狀況是，應該是放在先鋒領航的指數型基金：股票是先鋒領航的整體股市指數型基金，債券則是先鋒領航的整體債市指數型基金。

　　正如我們先前在第19章所討論的一樣，這兩個基金將會放在你的稅負優惠與一般（必須課稅）的儲桶裡面。 到了這時候，你會濃縮成只有三個帳戶：個人退休帳戶、羅斯個人退休

帳戶，還有課稅帳戶。我的建議——而且也是我自己的投資組合——持有的方式如下：

- 先鋒領航的整體債市指數型基金放在個人退休帳戶，因為它不具稅負效率。
- 先鋒領航的整體股市指數型基金放在羅斯個人退休帳戶，因為它是我最後才會動用的錢，很可能會留給我的後代。羅斯的帳戶是適合身後留財的誘人帳戶，由於這會是我放置最久的錢，先鋒領航的整體債市指數型基金的成長潛力，讓羅斯成為優選的投資帳戶。
- 先鋒領航的整體股市指數型基金也可以放入課稅帳戶，因為這兩個基金的關係，它變得比較具有稅負效率。
- 先鋒領航的整體股市指數型基金也可以放在我們的一般個人退休帳戶，可以享受延後課稅的好處。

各位一定看得出來，要是單身的話，你將會有四個基金帳戶——放在個人退休帳戶的先鋒領航的整體股市指數型基金，還有先鋒領航的整體股市指數型基金放在三個地方：羅斯、個人退休帳戶，還有課稅帳戶。要是你已婚的話，你們的配置可能像是我們這樣。

我持有的是：

- 先鋒領航的整體股市指數型基金,我的羅斯與一般個人退休帳戶都有。
- 我們把所有債券都投入先鋒領航的整體債市指數型基金,放在我的一般個人退休帳戶。

我妻子持有的是:

- 先鋒領航的整體股市指數型基金,她的羅斯與一般個人退休帳戶都有。

我們共同持有的是:

- 先鋒領航的整體股市指數型基金放在我們的課稅帳戶,應付一般需求的最基本現金額度放在我們的儲蓄與支票帳戶。

所以我們一共有兩個羅斯帳戶、兩個個人退休帳戶,還有一個課稅帳戶。

綜合而言,我們有一個投資項目在先鋒領航的整體債市指數型基金,五個在先鋒領航的整體股市指數型基金,我們的資金配置是這樣:75%的先鋒領航的整體股市指數型基金與25%的先鋒領航的整體債市指數型基金。

就算你已經接受了本書的簡單之道,但還是很有可能持有

其他的投資。如果這些是位於你的稅負優惠帳戶，你很可能會想要以免稅的方式把它們轉入先鋒領航。但要是它們放在課稅帳戶，恐怕必須繳納資本利得的大筆稅款，這一點很可能會讓你按兵不動。當我退休的時候，我們也有一些這種「投機股」，大部分都是以前我破例偶爾玩玩的個股。

現在這樣的討論恐怕會變得有點複雜。你要如何從自己的投資裡提領4%，方法配置幾乎可說是無窮無盡。好，我們就先從這套體系機制如何運作開始，然後我會分享一些指導原則，還有我們到底是如何操作與原因。各位應該可以依此找到建立自身策略的各種工具。

運作機制

要是你把資產放在先鋒領航集團或是類似的公司，那麼提領自己的錢再容易不過了。只要打通電話，或是在網路上按幾個按鍵，就可以下達這些指令：

- 將任何投資項目裡的錢依照自行設定的固定週期轉出：每週、每個月、每一季，或是每年都不成問題。
- 派發資本利得分配以及／或是股息與利息的時候進行轉出。
- 可登入它們的網站，任何時間，只要按幾下就可以把錢轉出去。

● 以上方式的綜合體。

這裡的錢可以轉到你的支票存款帳戶，或是你指定的任何地方。過程簡單得不得了，打通電話給先鋒領航——它們就像是絕大多數的其他機構一樣——當你第一次操作一切的時候，會提供你友善的實質協助。

原則

接下來要看的是我們使用策略背後的指導原則。

第一，大家注意一下我們的 75 ／ 25 的配置，我們看的是我們基金的加總，而不管它們是放置在什麼帳戶。

第二，我們把自己所有的股息、利息，還有資本利得分配都放在我們稅負優惠的帳戶重新投資。我對於許多人那種「只靠收入過活」（也就是股息與利息）的信念不是特別著迷，反而選擇的是提領4%，研究顯示像我這樣的投資組合的確可以生活得下去。

第三，我們把課稅帳戶中先鋒領航的整體股市指數型基金的股息與資本利得分配都直接轉到我們的支票帳戶。由於這些收入都必須課稅，所以進行再投資就沒有意義，只需要反其道而行，過沒多久之後領出等值的數額就是了。

第四，我想要讓我稅負優惠的投資在盡可能延後課稅的狀況下繼續增長。

第五，既然我距離七十歲半已經不到十年，我會想盡可能把我們的一般個人退休帳戶轉到我們的羅斯帳戶，剩下的就維持在15%的課稅級距，你現在應該會想起我們在第20章時所討論的「強制最低提款額」策略。

第六，等到我們到了七十歲半，得要面對「強制最低提款額」的時候，這樣的提領就會取代我們原本的課稅帳戶提領，而課稅帳戶就任由它繼續成長。

實際提領4%

1. 首先，我們必須要考慮我們依然會進來的非投資收入。就算你退休了，要是你生活活躍，很可能也會從事某些創造現金收入的活動。我們早已脫離了存款階段，但這樣的收入是我們最先拿來花用的錢。就某種程度來說，它可以讓我們減少從投資提領的金額，反而讓它們可以有更多的時間成長。

2. 記得我留在我們課稅帳戶裡的那些「投機股」嗎？就在我們快要退休的時候，那些是我們第一批花光的資產。我們一開始先從投報率最爛的開始。你可能不會選擇遵循我們計畫的其他部分，但要是你在自己的投資組合裡有這類的剩餘資產，我強烈建議你要靠這種方法解脫。如有需要，慢慢來，盡量縮減資本利得的稅負。當然，你要是在這些帳戶中有任何的資本損失，那就可以立刻處理。然後，你可以開始賣一

些有賺錢的投資，利用那些資本損失抵銷收益。靠這些損失抵銷收入的每年上限是三千美元。要是有任何無法使用的稅損，可以等到接下來那些年繼續利用。

3. 等到那些都花光之後，我們就會開始提領我們必須課稅的先鋒領航的整體股市指數型基金帳戶。我們會繼續領取這帳戶的錢，一直到我們七十歲半，必須開始領那些麻煩的「強制最低提款額」。

4. 既然課稅的先鋒領航的整體股市指數型基金帳戶只佔了我們總投資的一部分，我們現在每年所提領的金額當然遠遠超過了這帳戶總額的四分之一。關鍵在於提領金額看的不是代表這單一帳戶的百分比，而是要把數額放在我們整個投資組合的脈絡之中。

5. 我們可以在我們上述那個課稅的先鋒領航的整體股市指數型基金帳戶設定固定轉帳，但我們並沒有。我的妻子（我們家由她處理日常財務）反而是只要一發現到我們支票帳戶的錢快要不夠的時候，直接登入先鋒領航轉帳。

6. 這種提領方式乍看之下有點隨性，我想也是。但正如我們在前一章所解釋的一樣，我們不覺得必須要嚴格遵守4%的原則。

7. 我們反而會固定弄個試算表，只要一有支出就分門別類予以記錄。這可以讓我們看出錢跑到哪裡去了，思索萬一股市大跌的時候，如有需要，我們可以砍掉哪些項目。

8. 我每一年都會計算我們有什麼收入 —— 維持在15%的課稅級距 —— 盡量把我們的一般個人退休帳戶轉到我們的羅斯帳戶。這是為了我們七十歲半的「強制最低提款額」預做準備。到了那個時候，我希望我們的一般個人退休帳戶的餘額壓得越低越好。

9. 等到我們到了七十歲半，我們就不會繼續從我們課稅帳戶提領金錢，而是任由它繼續增長財富。

10. 雖然我很確定在我們七十歲半之前課稅帳戶裡的錢都還不成問題，但萬一真的沒了，我們就會從我們的個人退休帳戶領錢，之後才是「強制最低提款額」。其實，這是我一直要移入羅斯帳戶的那筆錢，但話說回來，我也會讓它盡量維持在15%的課稅級距。

11. 雖然我努力降低我們個人退休帳戶的數額，但是「強制最低提款額」 —— 要是我們兩個都得要開始提領之後 —— 很可能會超過我們的支出需求。在這種狀況下，我們會把餘

額放在我們課稅帳戶裡的先鋒領航的整體股市指數型基金帳戶，進行再投資。

就是這些。雖然你可以如法炮製，但也不需要完全照做。你可以自由調整，找出最符合自己狀況與性格的最佳方式。

舉例來說，要是我的想法與你的思維格格不入，你只想花費自己的投資所得，那麼你可以對投資公司下達這些指令：

● 派發所有的股息、利息、資本利得分配的時候，直接轉入你的支票帳戶。
● 由於這些收入的總額很可能會低於4%，所以必須偶爾登入進去，把先前下達賣出股票的錢轉出來。
● 或者，你可以在把股息、利息，以及資本利得派發的時候，固定從課稅帳戶轉出來，讓總提領金額達到4%。

比方，如果你的投資組合金額一百萬美金，而股票與債券的比例是75%與25%：

● 4%，你可以提領四萬美元。
● 你放七十五萬美元在先鋒領航的整體股市指數型基金，賺到了2%的股息，或是一萬五千美元。
● 你放二十五萬美元在先鋒領航的整體債市指數型基金，賺到了3%的利息，或是七千五百美元。

- 總共是兩萬兩千五百美元，如果你需要這數目就夠了，就到此為止。
- 但如果你想要全部的四萬美元，那就從你的課稅帳戶賣股票，領取剩下的一萬七千五百美元，每月領取，所以一個月是一千五百美元。

這對我來說太麻煩了，我之所以會這麼說，只是要告訴各位，只靠投資收入過生活的人也是有可能妥當處理。

以下是我不會做的事

我絕對不會設定4%的提領計畫之後就忘了它。

正如同我們在前一章所提到的內容，「三一研究」確定了某種投資組合可以連續數十年提領多少錢，最後依然可以存續下去。根據通膨進行年度調整，每年領取4%還是會有96%的成功率。這也成了能在大多數股票下跌時存活的4%法則，你不需要在自己退休的時候擔心股市波動。

這成就了一場偉大的學術研究，除了兩個案例之外，這些投資組合過了三十年之後都還是很安全，這一點真讓人振奮。其實，在絕大多數的時候，就算不斷提領，它們還是漲勢驚人。

除了那兩個會害你身無分文的狀況之外，大部分的案例都能創造巨額財富。如果你不希望身無分文，或是錯失享受資產

可能帶來的額外獎賞，那麼當然會想要隨時保持警醒。

這就是我覺得設定4%提領，真實世界發生什麼事還是置之不理是蠢行的原因。萬一股市暴跌，我的投資組合縮水一半，想也知道，我一定會調整支出。要是我在工作，薪水被砍了一半，我當然也會做一樣的事，而你也一樣。

基於相同理由，在市場大好的時候，我花的錢可能會稍微超過4%，因為我知道市場正在漲升，成了我的強力支柱。

反正，我每一年都會重新評估。當我們打算要調整自己的資產配置、保持繼續挺進的時候，就是理想的時點。對我們來說，正是我老婆生日的那一天，或者只要遇到股市波動超過了20%的時候，無論是往上還是往下。

真正的財務安全——而且盡可能享受自己財富——只有在這樣的彈性之中才能夠找得到。風向隨時改變，我建議各位也應該採取與我一樣的策略。

第31章

社會安全：到底有多安全，
還有該在什麼時候開始領取

　　話說一九八〇年代初期的時候，我還記得自己向支持社會安全制度的母親抱怨此一制度。她從小就在聽那種可憐老太太靠貓食過活的可怕故事，當她還是小女孩的時候，這是千真萬確的可能場景，當時的老人是全美國最窮困的族群。我向她解釋，要是我和我兩個姊妹能夠與社會安全制度脫鉤的話，我們不只可以給她比每月補助金支票更高的金額，而且我們還會有多餘的錢可以照顧自己的窩，但她根本不甩我。

　　而我也不甩它，我一直不覺得自己用得到社會安全制度補助金。我所有的財務計畫都是根植於這樣的概念，要是沒有它，我也沒差；要是有的話，那麼就是甜美的驚喜。嗯，真的是驚喜！現在，我再差幾年就可以領取補助金了，是一筆令人驚喜的大數目。試想我們所支付的那些錢，還有假設我們要是活得夠久的話，它將會成為相當划算的一筆交易。我沒料到美國退休者協會的能耐，他們是史上最令人生懼的遊說團體。

　　社會安全制度在一九三五年成立，時值大蕭條最嚴重的時期。那樣的艱難時代幾乎摧毀了每一個人，但最慘的應該莫過於那些再也無法幹活的老人家，如果還真有工作的話；許多人

真的是靠貓食過日子，如果還真的找得到的話。

　　回首那段日子，當時的預期壽命相當短。各位要知道這數字很有問題，因為拉低平均的最大因素就是夭折。但要是我們觀察能夠活到二十歲的民眾的預期壽命，那就可以得到比較有用的數據。在一九三五年的時候，男性平均壽命是六十五歲左右，女性則約為六十八歲。自此之後，美國的平均壽命不斷延長，高踞世界衛生組織的統計，二〇一三年的時候，美國男性壽命到了七十七歲，女性則是八十二歲。

　　從這些數字可以很容易看得出來，將社會安全福利金的領取年齡設定為六十五歲，對整個體系來說非常有利。所有的勞工都會繳費，但只有相當少數人能夠活到提領的歲數，就算可以也只能領個幾年而已。其實這套方式運作得很不錯（一路上只有一些微調而已），一直到二〇一一年左右，流入的金錢數額開始低於付出的數額，所以，在二〇一一年的時候，總盈餘是二點七兆美元。

　　而各位也可以看得出來，現在狀況出現了逆轉。當初貢獻這些盈餘的大量戰後嬰兒潮世代也退休了，除此之外，他們活得更久了。要是沒有發生任何變化，就這麼繼續下去的話，系統的支出將會大於收入，狀況應該會是如此：

- 一九三五年——二〇一一年：每年盈餘逐漸增加，最後到達的數字約二點七兆。
- 二〇一二年——二〇二一年：歲入追不上歲出，但是二

點七兆的4.4%利率可以填補缺口。

- 二〇二一年——二〇三三年：利息金額再也無法應付差額，二點七兆美金的水位將會逐漸下降。
- 二〇三三年：二點七兆美金完全沒了。
- 二〇三三年之後：歲入只能應付預計支付的75%津貼。

這筆二點七兆美金到底在哪裡？

這筆二點七兆美金的盈餘通常指的是美國公債持有的信託基金。對了，就二〇一二年的資料，它大約佔了美國十六兆公債的16%。就真實層面來說，我們欠自己的錢，其實，依照這種方式來看，我們欠了自己大約29%（四點六三兆）的錢：包括了社會安全福利金、醫療、軍官與文官退休計畫的補貼差額。我們只有欠中國一點一兆／8.2%，它是我們的最大債權國，也是我們最常聽到的那一個，而我們欠日本的數字差不多一樣（截至二〇一六年為止，美國公債已經超過了十九兆）。

二點七兆美金真的存在嗎？

你應該聽過那種可怕的故事，這樣的信託基金其實並不存在，政府已經把那筆錢花光光了。嗯，算對，也不能算對。

並沒有什麼地方放有塞滿十萬美金面額鈔票（一九三四年的時候印出了這些面額的鈔票，大家通常將它稱之為「黃金證

書」，上面的圖像是伍德羅・威爾遜總統，而這種鈔票從來沒有在市面流通過）的「保險箱」。

這筆信託基金是美國公債的一部分。

要回答「真的有那筆錢」的問題，諸位必須稍微了解一下什麼是債券，還有它們是如何運作。

不論是在任何時刻，只要有任何實體賣債券，就是打算籌措它準備花用的經費。而之後返還此一債券及其利息，靠的是未來的收入。結果，包含了那筆信託基金的美國公債——被視為全球最安全的投資。正如同大家所言，背後支撐的是「美國政府全然的信用」。當然，就是我們，全美的納稅義務人，而積欠那二點七兆美金的絕大部分的也是我們這群人。

所以包含那筆信託基金的美國公債其實是有真正價值的實品，美國公債的持有者包括了中國、日本、許多債券與貨幣基金，以及數不盡的個人投資戶。

好，但要是他們不花我所貢獻的那些錢，而且如果它是真的放在保險箱、可以讓我提領的一大筆現金，我還是覺得比較舒服一點。

這樣啊，好吧，但長期持有現金真的是一種很鳥的存錢法，通貨膨脹會慢慢摧毀它的購買力。

你只要投資金錢，那筆錢就等於是花出去的一樣，要明瞭這一點很重要。要是你在本地銀行有儲蓄帳戶，那麼你的錢就

不只是放在某個金庫裡而已。銀行會把它借出去、賺取利息，絕對不是可以立刻取用的錢。

　　如果這是你無法承受的風險，那麼還有別的方法，就是把現金塞進床墊裡或是保險箱。要是政府真的這麼搞，那麼那筆信託基金早就被鈔票所淹沒了。也就是說，那一張張的紙鈔，你也猜到了，背後的支撐力量來自於「美國政府全然的信用」。至少美國公債會支付利息。

我什麼時候要開始領這筆錢？

　　等到你到了六十二歲的時候，就可以領取社會安全福利金。重點是你越早開始，能拿到的補助金就越少。你要是越晚開始領（最高是七十歲），可以拿到的補助金就越多。當然，你越晚開始，能夠領到的年數自然也就變少。

　　到底要從什麼時候開始領補助？已經有無數文章討論過相關策略、尋求這個問題的解答，而且也出現了各式各樣花俏，有時候甚至很複雜的策略。我看了一些，而我最後的想法是，其實它非常簡單：既然政府的精算表格準確無比，那麼支付的金額當然是與死亡機率完全相符，以下是你必須依照先後順序、逐一自問的問題：

1. 我什麼時候需要這筆錢？如果你真的現在就需要，那當然沒有比這更重要的事。但只要你能夠多延遲一個月，

金額就會越高。

2. 你認為社福體系是否會崩解？付不出福利金？如果你這麼認定，顯然你會想要趁提領沒問題的時候盡快開始。我會提供一點個人意見，不知是否能幫上忙，但我覺得你是錯的，我之後會詳細解釋為什麼。

3. 你會活多久？你活得越久，那麼開始提領時間越延後越有利。六十二到六十六歲這區間的損益平衡點大約是八十四歲。也就是說，要是你活過八十四歲，那麼提領的總金額，就會超過刻意拖過六十六歲之後開始領取所帶來的好處。要是你覺得自己活不過八十四歲，應該會希望盡快開始領錢，除非……

4. 你已婚，而你是收入比較高的那一方。那麼你也會想要考慮配偶的餘命。如果你的配偶很可能會活得比你久，那麼在你過世之後，他／她就能夠放棄自己較低的社會安全福利金、換取你金額較高的支票。

　　舉例來說，我與我太太健康狀況良好，但要是考量家族病史，還有女性通常會活得比男人久，我猜我應該是會比她早走。我想我應該是會活到八十到八十五歲之間。要是我一個人，我會盡快開始提領，但她很可能會活到九十五到一百歲都不成問題。當我死掉的時候，她可以選擇把她的福利金換成我的。既然我的金額比較高，那麼她當然會這麼做。為了想辦法讓她領到最多的錢，我會盡量拖延，直到七十歲才開始提領，

而她會在六十六歲的時候開始。

還有另外一件事必須納入考慮。我們開始老化之後，腦袋的敏銳度也開始跟著衰弱，管理自己的投資變得益發困難。我們會變得越來越依賴別人。到了那種時候，政府發放、每月都會到來的支票會比純粹的金錢更有價值。

當然，我們絕對無法知道未來真正的面貌，我們面對的最好方式就是掌握先機。

但是社會安全福利金一定會完蛋！我打算要盡快提領。

有些人選擇在六十二歲一到的時候就開始領取福利金，即便金額減少也無所謂。有些人純粹就是需要這筆錢，也沒有其他選擇。不過，某些人採取這種行動的原因是基於恐懼。他們認為社會福利金會在他們有生之年崩壞，他們想要趁還有機會領取的時候趕快入手。我不擔心，要是你超過了五十五歲，你該領的一毛都不會少，原因如下：

1. 社會安全福利金有史上最屬害的遊說團體在撐腰：美國退休者協會。
2. 怪老頭佔人口的比例會越來越高。
3. 怪老頭會投票。
4. 政客們幾乎從來不曾從大多數選民手中奪取任何東西。
5. 這就是所有建議方案的影響層面只會影響到五十五歲以

下族群的原因。

嗯，這樣也好啦，但我還不到五十五歲！我該怎麼辦？

對於已經超過五十五歲的人來說，社會安全福利金成了一場非常划算的交易，但我這個世代、還有比我老的那些世代，可能是享受這種豐潤好處的最後一群人。這個體系已經陷入麻煩，顯然一定得進行改變。對於現今不到五十五歲的人來說，這種交易的爽度恐怕就大不如前，你可能會遇到下列狀況：

1. 拿到政府允諾的100%福利，但是承諾會縮水。
2. 花費的成本更高。年所得限額（社會安全福利課稅範圍）會繼續升高。在二〇〇三年的時候，上限是八萬七千美元，到了二〇一三年的時候，已經是十一萬三千七百美元，這將成為持續不斷的趨勢。
3. 「完全退休年齡」會繼續提高。以前是六十五歲，我這世代是六十六歲，而對於出生於一九六〇年或之後的族群來說是六十七歲，而這個年齡還會持續上升。
4. 福利可能會得先經過「資產調查」。也就是說，會依你的需要，而不是你所繳的金額。
5. 國會將繼續東修西補，最後社會安全福利體系依然存在。

好，所以社會安全福利金真的很划算嗎？

嗯，這應該算是視狀況而定了。對財務有責任感的本書讀者而言，應該是沒有。要是你拿走那筆被迫捐輸的7.65%收入，再加上你的雇主也被迫繳交的那7.65%（截至二〇一五年的數據），以這裡所提出的策略進行長達數十年的投資，那麼你的績效一定好很多，非常多。而且，你的錢還是會在你的手裡，而不是任由政府作主，但我們只是少數人而已。

我這個人很實際，知道大多數的人對待自己的錢都傻乎乎的。要是沒有社會安全福利金的援助，許多人會回到靠貓食過生活的日子。我們除了要看到他們的悲慘處境之外，恐怕還得實施比社會安全福利金更嚴苛的方案補救這種狀況。

好，對的，對絕大多數人來說，這會是一筆不錯的交易。對整體社會而言應該也是如此，但不適用在你的身上，也不適用於我。

我的建議

當你在規劃財務未來的時候，要以沒有社會安全福利金作為前提。生活條件不要超過自己的資產、將盈餘拿去投資、避免負債、累積「X我不幹了的專戶」。保持獨立，無論是財務或其他面向都一樣，要是／等到真的拿到社會安全福利金，那就好好享受吧。

第32章
要如何效法大富翁捐款

我知道你在想什麼？你一定懷疑好一段時間了，我太太與我，與比爾‧蓋茲夫婦相比到底有什麼共通之處，答案在此：

我們都有慈善基金

現在，你心裡在吶喊：「我知道！吉姆是大富翁！」很可惜，我必須說你搞錯了，恐怕我比較接近僧侶，而不是大臣，我們甚至連能夠讓基金會容身的豪華蓋茲風格建築也付之闕如。

我們談了許多有關投資、建立「X我不幹了的專戶」的事，但其實完全沒有碰觸，嗯，要如何花用。由於我們自己不是很在乎擁有這個那個，所以我也沒什麼好說的。我們喜歡旅行，的確花了很多錢，送我們女兒去念大學的那筆錢花得很值得，因為她完全樂在其中。

不過，能讓我們享受到最純粹個人喜樂的消費，是我們有幸能夠捐獻的金錢。

其實，我可以更精準點出，是當年捐出的某筆一千兩百美金，讓我們享受到最滿足的回報。我有點猶豫是否該說出這個

故事，因為我的目的只是為了要說明某個重點，不過，卻很容易就被人誤認為是在吹噓，我希望各位能夠領悟箇中真義。

多年前，我們參加了女兒就讀的天主教文法學校所舉辦的某場慈善拍賣。這些老師與負責校務的修女校長，總是讓我們大為感佩。

我們最喜歡的某間本地餐廳名為「派克」，這名字來自於老闆主廚。派克為了那場活動捐贈了十人份的美饌晚餐。我們一時興起，決意要得標，然後捐給學校老師。

競標過程很熱烈，但隨著數字已經超過了派克餐廳十人晚餐的真正價格，競逐也跟著結束，我們大約花了一千兩百美元，成了贏家。

當我把禮物交給修女校長的時候，我也給了她兩個條件。首先，她必須選擇要從全校的十五名老師之中——挑出到底是哪幾個人——能夠享受大餐。其次，她自己也得要參加。看，我們就是知道這位修女校長的個性，需要改變一下她的無私性格。

等到消息傳出去之後，發生了幾件好玩的事。派克自己跳出來，願意把捐贈份數加碼到十五份，所以全校老師都可以去，另一名競標者也願意支付酒錢。

好，你知道要是把美食、紅酒、天主教老師全弄在一起之後會發生什麼事，我們就這麼說吧，大家都很盡興，那麼話點到這裡就夠了……

除了滿足個人喜樂之外，捐贈的另一個好處是抵稅。當

然，想要享受這樣的好處，就必須在報稅時逐一列出扣除項目。比方說，要是你結婚，而且是共同申報，那麼在二〇一五年的時候，標準扣除額是一萬兩千六百美元。要是你的列舉扣除總額不到那個數字，那麼還是採用標準扣除額，以免白忙一場。

幾年前，我才第一次驚覺有兩個人生變化將會影響我的個人稅務。我們打算賣掉房子，而我已經動念計畫退休。沒有了房子，與其相關的可列舉扣除額就全沒了，而且快要退休的時候，我會位於比較低的稅級，這兩件事都會減低捐贈的稅負優惠，解決方案就是：

JJ 柯林斯慈善基金

想必各位已經知道我是先鋒領航集團的超級粉絲。所以我們利用「先鋒慈善捐贈計畫」設立自己的基金會，自然也就不足為怪了，以下就是我們的理由：

- 你不需要是十億美元等級大富翁，只要兩萬五千美元就可以開設自己的基金會，當然，奢華建物的費用不算在內。
- 成立基金會的那一年就可以得到減稅，所以我是在減稅對我來說最重要的那一年成立基金會。
- 要是你有股票、共同基金，或是其他有價資產，可以直

接轉移到你名下的慈善基金會。你可以拿到以市值計算
的扣除額，不需要因為任何的資本利得而被課稅，雙重
稅負優點，可以為慈善基金增加更多的金援。

- 如果你面臨了我們在第20章所提到的「強制最低提款
  額」的問題，可以把稅務優惠帳戶全部或部分的金額直
  接轉入免稅的慈善基金會。

- 你可以挑選各式各樣的投資選項，所以可供捐款的金額
  可以在無須繳稅的狀況下持續增長，等待你配置捐出。

- 你可以決定要把善款捐給哪個單位、多少錢，以及要在
  什麼時候捐出，還可以設定自動捐款。

- 你可以隨時選擇把更多的錢放入基金會（要是你的餘額
  不到一萬五千美元，就會被收取兩百五十美元的管理年
  費）。

- 由於是透過先鋒領航處理，費用比率最低。

- 現在我可以告訴不請自來的那些推銷員：「我們只透過
  自己的基金會捐贈，請把你們的書面計畫寄來再說。」

- 這樣一來，就不會讓我們的名字出現在某些會把捐贈名
  單賣出去的慈善單位的芳名錄。

它除了提供稅負優惠之外，也讓我得以思考慈善捐贈一
事、得到了一些個人結論。

- 贈與最好是集中火力，我們只選擇兩個慈善單位。

- 小額捐款給多個慈善單位，可能會讓你覺得很過癮，但它會稀釋捐款效果，而且在處理過程之中捐款比例遭侵蝕的比例更高。
- 小額捐款給多個慈善單位，也會害你被列入郵寄名單。
- 永遠不要把電話給推銷員。
- 要是某家慈善機構的廣告出現的頻率越高，我就會更加懷疑他們是否會努力把我的現金給予他們所宣稱照顧的那些對象。
- 你必須要自己作做功課。除了詐騙之外，許多慈善機構就是效率不彰，沒辦法把你的錢送到需要的人手中。
- 有好幾個寵物慈善機構網站，我使用的是這一個：www.charitynavigator.com

不需要慈善基金會也可以助人

除了這些傳統的、可以減稅的地方之外，我還有件事想叮嚀你。直接幫助你的朋友與鄰居沒有辦法抵稅，但是卻能夠在四處各地發揮即時利益。接下來這幾年，我會盡量朝這方面多加努力，尤其我現在也不再逐一列出自己的可扣除額項目了。

最後，雖然捐贈是一樁愉悅美事，但並非是義務。只要有人想要灌輸你不同的想法，其實就是打算向你推銷東西——大部分其實是想要叫你捐錢給他們以及／或是他們的個人興趣計畫。

我們只有一種對社會的義務：要確保我們自己，還有我們的子女，不要成為他人的負擔。剩下的就是我們的個人決定，做出你自己的抉擇，讓這個世界成為一個更有趣的地方。

後記

「你想要的一切都在恐懼的另一端。」

——傑克·坎菲爾

第33章

為我小孩所鋪的路：第一個十年

　　我女兒最近剛從大學畢業，以下是我建議她的早期理財之路。不過，你不需要在大學剛畢業或是二十多歲的時候就開始執行此一計畫。要是你年紀較長，打算要改變自己邁向財富，可以把它當成一個十年計畫。

- 避免負債，沒有任何東西值得你必須付出利息。
- 遠離那些對自身財務不負責任的人，當然千萬不能跟這樣的人成婚。
- 在接下來的這十年左右拚命工作，建立自己的職涯與專業名聲。
- 這並不是建議你得去當某種社畜。你要以最寬廣的角度思考自己的職涯，可能性無限。
- 利用你在大學時代鍛鍊的低成本生活技巧進行各種新探險。
- 除非你已經到了那個水準，否則不要被越來越奢侈的生活方式所綑綁，也不要打腫臉充胖子。
- 儲蓄與投資的金額必須超過一半以上，把這筆錢放入先鋒領航的整體股市指數型基金或是我們在本書裡討論過

的其他選擇。

- 不管你有哪一種401(k)類別的員工稅負優惠計畫，把錢放進去就對了。

- 當你的收入與所得稅不高的時候，把錢放入你的羅斯個人退休帳戶。

- 只要當你的收入與所得稅開始升高，就把錢放入你的傳統個人退休帳戶。

- 按照這方式操作十年左右，通往財務自由之路達標已經十拿九穩。

- 要是你能夠存下一半以上的收入，就能更快達標；存越少，得花的時間就會比較久一點。

- 如果你幸運跟上股票漲勢，你就能夠更快達標，要是不行的話，就得花稍微久一點的時間。

- 在累積財富階段，遇到股市下跌的時候就可以大肆慶祝。當你身處於財富累積階段，這些都是你的贈禮，你投資的每一塊錢都能為你買下更多的股份。

- 但千萬不要誤以為自己（或是其他人）能夠預知是否會下跌或是擇時進出。

- 大約在你三十出頭到三十五歲之間（或者是你開始執行之後的十到十五年），會出現兩個狀況：你的職涯到達了頂峰，即將衝向財務自由的終點。

- 只要你資產的4%可以足夠支付自己的支出，就可以把自己視為財務自由。

- 換言之，財務自由等於年支出乘以25%。
- 也就是說，要是你過的是年支出兩萬美金的生活，想要達到財務自由，就必須投資五十萬美金。
- 好，如果你和我們的朋友麥可‧泰森一樣，過著每個月花四十萬美金／一年花四百八十萬美金的生活，那麼你需要的資產是一億兩千萬美金。
- 想必各位已經看出來了，能夠財務自由，控制自己的需求與建立資產同等重要。
- 等到你達到財務自由之後，就可以靠著自己的投資過活。
- 進入財務自由階段之後，你可以決定要繼續開心工作或嘗試不同的事物。
- 要是你繼續工作，要把收入全部拿去投資。你現在靠自己的投資過生活，這會大幅增加你資產的成長速度。
- 注意：關於前面那三點，未必需要如實執行。其實，這只是一種思考你的資產與收入的方法。最可能的狀況是，在執行這種概念的時候，你會想要花的是賺入的收入，不要動到自己的投資，而且還繼續加碼。
- 你的資產以這種方式持續增長，結果，就能加速增加它可花費的4%的金額。
- 只要你持續工作，先鋒領航的整體股市指數型基金可以一直當作你的投資需求。而你繼續加碼的資金將能讓理財之路更加安穩。

- 等到你決定不再工作之後，把資產分散到債券，你的債券比例越高，理財之路就能更安穩，但增長率也會隨之變低。

只要你達到財務自由，可以靠著自己資產的4%過生活的時候，可以選擇的時刻就到來了：

- 開始擴展生活方式，但要確定支出維持在資產4%左右的水準。
- 像我們在第32章所討論的一樣，開始像大富翁一樣思考。
- 如果打算生小孩的話，就生吧。你還很年輕，財務穩健，而且具有靠著財務自由、可以自由安排生活的那種餘裕，能夠給予小孩應得的親子時間。
- 如果你真的如此渴望買房，那就好好考慮。但千萬不要急，房子不是投資標的，它們是昂貴的奢侈品。等到你能夠輕鬆負擔，而且它所帶來的生活方式變化符合你的想望的時候，買一間就好。

你年輕、聰明、健康又堅強。到了你三十多歲的時候，你就能夠擁有「X我不幹了的專戶」，而且應該也享受了一段過癮的過程。等到你達標之後，它會繼續擴張，你的個人選擇也是如此，你的未來如此燦爛，刺得我雙眼好痛。

這就是我先前一直告訴女兒、而且也會繼續提醒下去的那段話。

　　所以，要是你也在大學念書，或者剛畢業幾年，想要知道和藹老大叔吉姆有什麼建議，就是這些了。誠如我們先前所討論的一切，這都是為了要拓展你生活中的各種機會。

　　要是你年紀稍長，也不要絕望，只要開始永不嫌遲。我花了數十年才搞清楚這回事，你就和我一樣，理財之路很可能比那些一開始就遵循這條路的人多了一些磕磕碰碰。不過，這些跌撞的經驗都過去了，對我們每一個人來說，重要的是將來，從現在作為起點的未來。

第34章
南太平洋的故事

多年前的某一天，我工作心情超級惡劣。將近傍晚的時候，我打給當時還未成婚但即將成為老婆的她，開口說道：

「我已經受不了這爛工作。我們辭職奔向大溪地吧。」當時我其實不是很確定大溪地到底在哪裡。

她說道：「聽起來很不錯，我可以弄到漂亮價格的機票。」

兩個禮拜之後，有個可愛的大溪地女孩把迎賓花環套在我的脖子上，我這才驚覺我對自己求婚的這女子提出建議的時候，一定要小心才是。

穆克

大溪地是位於南太平洋的群島，每一個島似乎都比前一個更令人驚豔。我們停留的其中一個島的住所，是建於晶透水面之上的某座小木屋。

某天早上，我們在飯店園區的露天咖啡區享受咖啡，有個精瘦健美的男子走到我們的桌前，打赤膊又光腳的他，向我們自我介紹，他名叫穆克，是飯店的老闆之一，從口音判斷，美國人無誤。

我們超好奇，當然請他一起入座。穆克很健談，也是說故事的高手。他向我們懺悔，昨天當他看到我尚未成婚的妻子在東晃西晃的時候，差點要開口訓斥她怎麼在偷懶，她長得非常像是大溪地人。

　　很爆笑，但卻沒有解答我的心急疑問。

　　「所以，」我問道，「一個美國人到底怎麼會在大溪地擁有一間飯店？」

　　原來在一九六○年代初期，穆克與兩名朋友從密西根州的某大學畢業，搬到了加州，四處找尋創業機會。他們其中一人發現了某個小型分類廣告，大溪地有某塊鳳梨田要出售，便宜得要命。提醒各位，當時大溪地還沒有成為著名觀光地。

　　他們沒看到那塊地就買了，然後，開始打包。

　　我問道：「你們知道怎麼種鳳梨嗎？」

　　穆克回我：「完全不懂。」

　　「你在農場長大嗎？」

　　「不是，我們全都是城市小孩。」

　　「但你們念書的時候一定有在農場打過工吧？」

　　「從來沒踏進去那種地方。」

　　他們到達大溪地，開始搞他們的鳳梨田。經過了兩三個月，情勢變得清朗，難怪這塊田如此便宜，原來光是在大溪地種鳳梨其實無法維生。他們的錢用完了，開始找捐客，他們被困在天堂，開始思考其他選擇，就在這時候，帕皮提的某間當地銀行邀請他們去開會。

鳳梨田山丘下頭的海邊似乎是有間建了一半的飯店，建商破產放棄了。銀行詢問穆克與他的夥伴，可有意願完成？當然，條件很豐厚。

　　「等等，」我問道，「你們可有從事建築業的經驗？」

　　「完全沒有。」

　　「但你們先前有經營飯店的經驗吧？」

　　「沒有。」

　　「在飯店工作過？」

　　「從來沒有，但我們曾經住過幾次飯店。」

　　「所以，到底是為什麼？而且還是在這種氣氛和諧得不得了的狀況下，」我問道，「居然有家銀行送你們蓋了一半的飯店，而且還要把工程款貸給你們？」

　　「他們狀況岌岌可危，而我們是美國人，美國人使命必達的能力一向是聲譽卓著。」

　　穆克與他的夥伴的確不負那樣的好名聲。雖然他們缺乏經驗，但是他們還是蓋好了飯店，營運獲利可觀。然後，他們要繼續蓋，開了其他飯店，也包括了我們現在住的這一間。

　　等到我們認識他的時候，他成了光腳打赤膊的有錢人，而且越來越有錢。哦，而且還住在天堂。

　　對了，走筆至此，我不禁很好奇穆克，開始在網路搜尋他的資料。結果他現在已經八十歲，身體硬朗，他的某些故事細節與我記憶所及、寫在書裡的內容不太一樣，但顯然對他大感驚豔的人不只是我們而已。

不過，我們在大溪地遇到能夠隨心所欲過生活的人，並非只有穆克。

晚餐時分

某個傍晚，我們沿著水岸漫步，到了沙灘的某個小地方吃晚餐，外頭的港灣停了幾艘高檔遊艇。

我們在喝飲料的時候，有一艘髒兮兮的遊艇從那裡開了出來，駛向海岸。有一對跟我們年紀相仿的情侶（當時是年近三十）從上頭下來，走向沙灘，坐在我們旁邊的那一桌。我們開始聊天，過沒多久之後就併桌共進晚餐。很可惜，我已經忘了他們的名字，但我永遠不會忘記他們的故事。

他們從洛杉磯開船過來，要在南海洋島晃遊四個月。我問道，他們到底是從事什麼行業？能夠允許他們做出這種舉動？

原來這傢伙有兩個合夥人，而他們三人共同擁有兩個東西：那艘遊艇，還有位於洛杉磯的某間企業。他們有輪值表，其中兩個在洛杉磯做生意的時候，第三個就可以開船出去玩。

顯然這需要能夠絕對信賴的夥伴，不過，要是能夠像這樣安排妥當，那麼這可能是我見過最美好的協議。這些人，還有穆克，都是大無畏生活的典範。

這樣的自由雖然少見，但他們並不孤單。在過去這些年當中，我遇到了不少能夠隨心所欲過生活的人，他們堅持打破債務、消費主義，以及囿限思維的枷鎖，活得自由自在，他們充

滿了想法與勇氣。

　　這樣的自由，對我來說，是金錢能夠買到的唯一無價之物，所以，我才想要把本書的策略提供給各位。

第35章

關於風險的某些最後省思

　　如果你打算追求財務自由，也就是要把錢拿去投資。也不知道為什麼，在我們的文化當中，大部分的人都把它視為一種剝奪。這對我來說不是很合理，對我個人而言，要是沒有「X我不幹了的專戶」，我根本也沒有任何的購物欲。

　　有了這筆錢，世界的可能性就成了無限寬廣，你面對的是有了自由之後，該從事什麼活動的美好決定，唯一的限制是你的想像與恐懼。

　　不過，雖然它未必會帶來剝奪感，但投資絕對意味要冒險。

　　這本書的投資策略是根據股市永遠會漲升的前提。畢竟，道瓊工業平均指數在上世紀一開始的時候是六十八點，最後是一萬一千四百九十七點。期間歷經了兩次世界大戰、通縮型蕭條、數次嚴重通膨、不計其數的小規模戰爭，以及金融災難。如果你想要在當前這個世紀當個成功的投資人，必須具備某些洞察力。

　　某些人想要尋求絕對的安穩，但這種東西就是不存在。

　　我能夠確定美國經濟不會進入日本依然苦苦掙扎的二十五年下跌期？或者落入更悲慘的境地？我不能保證。

4%的提領率永遠安全無虞嗎？並沒有。約4%的提領率，日後一定會不夠用，屆時你必須要進行調整。

而冒出了行星、超級火山爆發、病毒、外星侵入者、冰河時代、地球磁極逆轉、人工智慧機器人或奈米機器人甚或殭屍把我們趕盡殺絕？放輕鬆，不會出現這種事的，最起碼不會在我們眼前發生。

地球已經存在了約四十五億年之久。多細胞生物活了五億年左右。嚴重的滅絕事件，就像是在六千五百萬年前奪走恐龍的隕石一樣，大約是發生了五次，所以發生的頻率約莫是一億年一次。

我們真的傲慢到覺得這會在我們身處的漫漫地質學的瞬時之間發生嗎？我們會成為目擊者？不太可能。

萬一我錯了呢？要是任何生命——甚或是文明——發生了終結事件，我們的投資方式就根本不重要了。

我並不是說我們不會面臨任何風險。如果你有錢，就是有風險，你不能選擇不要風險，你只能選擇要什麼樣的風險，好好思索以下這段話：

- 股票被認為極具風險，而且短期來說當然會有波動。但如果觀察期是五到十年，得到良好收益的機率大增。如果時間放到二十年，那麼持有股票就等於是更有錢的保證，至少過去這動盪的一百二十年也能給你指引一點明路。

● 現金被視為非常安全。但它的購買力卻會被通貨膨脹所侵蝕。過個幾年，看起來沒什麼大不了，而且你要是在短期之內有消費計畫的話，當然一定要保有現金。不過，要是過了十年甚至是二十幾年，這就非同小可──幾乎是必輸無疑。

也許更有效的思考方式不是要從風險著眼，而是波動程度。股票比現金的波動幅度大多了，但也能回報更高的累積財富潛能。現金幾乎沒有什麼流動性，但你必須付出購買力被緩慢侵蝕的代價。

想要回答：「什麼是最佳策略？」必須要先回答：「你的需要、心理狀態，以及目標各是什麼？」

我們都必須根據各種可能把握機會以及做出決策。不過，我們在這個過程中，也必須知道恐懼與風險經常會被誇大，而且還要了解任由恐懼掌控我們之後、將會帶來恐懼自身的風險。

克服了我自己的恐懼之後，終於讓我得以避開恐懼與度過類似二〇〇八年那一次的金融風暴。它讓我擁有了「X我不幹了的專戶」，讓我得以沉溺在自己多少算是冒險的熱情之中，這本書的目的就是為了要幫助你如法炮製。

說了這麼多，各位現在一定已經充分了解投資究竟是怎麼一回事，還有要如何以務實方式建立財富。你們現在也一定了解到這條路可能崎嶇不平，而且股市暴跌也是稀鬆平常。以這

樣的知識作為防護武器，這樣的事件就失去了在你心中營造恐懼的能力，讓你可以避開恐慌，專注在建立財富與達到財務自由的目標。

　　「正道」就在你的面前，只需要踏出第一步啟程就是了，祝你一路順心！

致謝

我是貪食型讀者，所以，我看了許多書籍的致謝頁。我總是嗤之以鼻。我心想，當然嘛，可能有些人稍微潤飾了初稿，但真正的承擔者，還是現在這個擺客套的作者。

結果呢，我寫了這本書。

編輯

要是沒有我的編輯**提姆・羅倫斯**（www.timjlawrence.com），絕對不會有本書問世，這絕非隨口說說或只是某種好話而已。

他的指導當然讓成品更臻完美，不過，多虧了他從不間斷的鼓勵、堅持、對本書價值與需求的深信不疑，終於把我拉過了終點線。他甚至從不間斷要求我刪減「從不間斷」這個我鍾愛字詞的使用頻率。

這項任務何其艱鉅，所以將近收尾的時候，他逃到了某間寺廟尋求平靜庇護。我很高興告訴各位，半年之後，他又回到了我們身邊。

自此之後，他就以四海為家。我最後一次聽到他的消息是落腳東南亞的某處，撰寫有關逆境與韌性的議題。

他還是會和我聊天，真令人驚喜。

校勘

　　由於我個人有點小小的偏執，所以我找了兩名校勘。而這兩位除了專業校勘技能之外，還有一些其他的小長處。

- **凱莉‧帕拉迪斯博士**擁有量子力學博士學位，目前在中西州的某一大型醫學中心擔任醫學物理學家。所以，當她舉手自願要義務擔任《簡單致富》校勘的時候，我當然是這麼說的：這樣的教育程度不算合格。

  她的畢業論文主要研究的是量子資訊之陷俘原子應用，現在將物理學原理發揮於放射線癌症治療領域，在全美與全球各地發表有關研究應用的演講。所以，我知道了之後，給她的答案是：「哦，那也許讓妳試試看吧。」

  除了校勘之外，她也檢查了所有的數學算式，也許是因為她先前發現我的判斷力有問題。

  凱莉如果不在實驗室裡面燒東西或搞爆炸，她就會與她先生，還有他們的貓咪阿波羅，在www.frugalparadise.com書寫他們的財務自由經驗談。

- **瑞奇‧卡雷**是美國空軍中校，當然，我是這麼告訴他的：他的位階還不夠高，無法勝任這項任務。

  他的十六年軍旅生涯幾乎都待在海外。在這段時間當中，他在北約、聯合國、各式各樣的國外軍事與執法機構工作，而且還曾經參與國際和平協議談判。他中文流利，也會日語。更重要的是，他母語是英文，對我來說很合用。

他的副業是財務自由，而他的方法讓他在六年之間付完了他華盛頓特區聯排別墅的房貸與學生貸款，他也購買了好幾棟不需繳任何貸款的出租不動產，他的經驗談都寫在 www.richonmoney.com

事實查核

由於本書中所提出的概念、意見，以及方法通常與一般規範背道而馳，確定事實的正確性格外重要，所以我找了三位負責事實查核。

其中兩位是當今財務自由界的厲害作家，一位是 www.madfientist.com（這是偶爾會出現旅遊貼文的財金部落格）的**麥德·費恩提斯特**，他依然努力維護自己的一些隱私，還有www.gocurrycracker.com（偶爾會出現財金貼文的長期慢遊部落格）的**傑洛米·賈克布森**，這位就完全不在乎隱私。

當我在閱讀這兩位寫手的文章時，總是會讓我忍不住正襟危坐，心中一凜，「哇，我從來沒這麼想過這一點。」不然就是，「我從來不知道可以用那種方式思考。」要是你像我一樣研究投資這麼久，你就知道這絕非易事。

我就是需要這樣的高手確保本書與時俱進。

而 www.momanddadmoney.com 的**麥特·貝克**也有相同貢獻。麥特是純收管理費的財務規劃顧問。當各位開始閱讀本書之後，就會發現我大肆批評這一行與許多業內人士。不過，麥

特是「好人」之一，而且他的洞察與觀點也擴展了我的視野，本書也因而更臻完善。

試讀

當這本書完成之際，我想要確認它對於我的目標受眾能「發揮效果」。

我需要找的是聰明、熱愛閱讀、對於個人理財所知不多，但對於這種主題的書卻抱持了足夠興趣的人。我也想要找到不認識我的人，目的是為了要排除個人偏見。

我的朋友們幫我找到了三位。

- **湯姆・穆蘭**是走踏全世界的管理顧問，也出版了好幾本有關紅酒、旅行，以及領導術的書。各位可以在www.roundwoodress.com 與 www.vinoexpressions.com 找到他與瀏覽他的精采作品。

- **湯特・施沃丁格**性好閱讀，是中學閱讀指導專家，也是大學教授，自然是閱讀初稿的完美選擇。她幫我確定了對於無財經背景者來說，書中概念清楚明晰，因為，她就像她的幽默自介一樣，「並非財金教授或專家」。

- **博萊恩・康洛伊**是個人理財部落客，也是自由撰稿作

家。她在自己的網站www.femmefrugality.com分享了理財撇步與技巧，著重於每日省錢術與增加收入。但她一直到最近才進入了投資領域，也讓她成為這項計畫的完美讀者。她很聰明，也明白什麼是優秀的寫作風格，對於此一主題也有足夠了解，確保我走對了路。

序言

　　彼得・阿德尼，別號「錢鬍鬚先生」（www.mrmoneymustache.com），慷慨允諾寫下序言。彼得是財務自由界的一大要角，而且一直是我部落格與投資方式的長期支持者，他也是我在我們厄瓜多的年度教育訓練所邀請的第一位講者，自此之後，他每年都會蒞臨現場，邀請他再合理不過了。而他欣然同意，隨後也寫出了這篇精采之作，真是客氣謙卑。好友，我對你滿懷感恩。

情感支持

　　寫出這本書的過程不但漫長，而且有時候壓力沉重。情緒的雲霄飛車有時會讓我陷入沮喪，有時也會讓我口吐白沫胡說八道，或是被歡喜沖昏頭。我太太珍一直忍受我，並沒有趁我睡著的時候拿刀捅我。世界上居然沒有為此而特設的獎項，真是我們文明的巨大缺陷之一。

　　總之，有了以上諸位的襄助，這本書讓我展現了個人能力的最佳表現。任何缺陷、疏失，或是未盡準確之處，都是我的

責任，而且應該是因為我沒有聽從他們睿智建議的少數那幾次
出了差錯。

　　感謝各位讀者。

簡單致富 / 吉姆.柯林斯作 ; 吳宗璞譯. -- 初版. -- 臺北市 : 春天
出版國際文化有限公司, 2021.08
　面；　公分. -- (Progress ; 14)
譯自 : The Simple Path to Wealth : your road map to
financial independence and a rich, free life
ISBN 978-957-741-383-3(平裝)
1.個人理財 2.投資

563　　　　　　　　　　　　　　110011021

簡單致富

輕鬆達到財務自由，享受富裕自由人生的路線圖

The Simple Path to Wealth: Your road map to financial independence and a rich, free life

Progress 14

作　　者 ◎ 吉姆・柯林斯
譯　　者 ◎ 吳宗璞
總 編 輯 ◎ 莊宜勳
主　　編 ◎ 鍾靈
出 版 者 ◎ 春天出版國際文化有限公司
地　　址 ◎ 台北市大安區忠孝東路4段303號4樓之1
電　　話 ◎ 02-7733-4070
傳　　真 ◎ 02-7733-4069
E－m a i l ◎ frank.spring@msa.hinet.net
網　　址 ◎ http://www.bookspring.com.tw
部 落 格 ◎ http://blog.pixnet.net/bookspring
郵政帳號 ◎ 19705538
戶　　名 ◎ 春天出版國際文化有限公司
法律顧問 ◎ 蕭顯忠律師事務所
出版日期 ◎ 二○二一年八月初版
定　　價 ◎ 390元

總 經 銷 ◎ 楨德圖書事業有限公司
地　　址 ◎ 新北市新店區中興路2段196號8樓
電　　話 ◎ 02-8919-3186
傳　　真 ◎ 02-8914-5524
香港總代理 ◎ 一代匯集
地　　址 ◎ 九龍旺角塘尾道64號 龍駒企業大廈10 B&D室
電　　話 ◎ 852-2783-8102
傳　　真 ◎ 852-2396-0050